Methodenarbeit im Geschichtsunterricht

Erarbeitet von
Dr. Volker Bauer, Dr. Christine Böttcher, Dr. Gudrun Gleba,
Prof. Dr. Hilke Günther-Arndt, Dr. Dirk Hoffmann,
Sylvia Hoffmann-Mosolf, Dr. Christine Keitz,
Dr. Klaus Schaap, Reinhard Tegtmeier-Blank, Elisabeth Zwölfer,
Prof. Norbert Zwölfer

Kursmaterialien Geschichte

Cornelsen

KURSMATERIALIEN GESCHICHTE

Methodenarbeit im Geschichtsunterricht

Das Lehrwerk wurde erarbeitet von:

Dr. Volker Bauer, Hannover (S. 56–65)
Dr. Christina Böttcher, Halle (S. 69–74)
Dr. Gudrun Gleba, Oldenburg (S. 50–55)
Prof. Dr. Hilke Günther-Arndt, Oldenburg (S. 8–15, 38–39, 42–49)
Dr. Dirk Hoffmann, Stadthagen (S. 66–68, 75–79, 86–95)
Sylvia Hoffmann-Mosolf, Bückeburg (S. 16–27)
Dr. Christine Keitz, Berlin (S. 16–27, 80–85, 96–100)
Dr. Klaus Schaap, Oldenburg (S. 33–37)
Reinhard Tegtmeier-Blank, Hannover (S. 101–108)
Elisabeth Zwölfer, Freiburg/B. (S. 39–42)
Prof. Norbert Zwölfer, Freiburg/B. (S. 28–37, 96–100)

Redaktion: Dr. Christine Keitz

Karten/Grafik: Carlos Borrel, Berlin
Umschlaggestaltung: Knut Waisnor
Gestaltung und technische Umsetzung: Kerstin Vorwerk, Berlin

Dieses Werk berücksichtigt die Regeln
der reformierten Rechtschreibung und Zeichensetzung.

1. Auflage ✔   Druck 4 3 2 1   Jahr 01 2000 99 98

Alle Drucke dieser Auflage können im Unterricht nebeneinander verwendet werden.

© 1998 Cornelsen Verlag, Berlin
Das Werk und seine Teile sind urheberrechtlich geschützt. Jede Verwertung in anderen als den gesetzlich zugelassenen Fällen bedarf der vorherigen Einwilligung des Verlages.

Druck: Cornelsen Druck, Berlin

ISBN 3-464-64833-8

Bestellnummer 648338

 gedruckt auf säurefreiem Papier, umweltschonend
hergestellt aus chlorfrei gebleichten Faserstoffen

Inhalt

Zur Arbeit mit dem Methodenheft 4

Synopse: Inhalte des Methodenheftes geordnet nach Epochenthemen 5

I Zugänge zur Geschichte

1 Was ist und wozu betreiben wir Geschichte? 8
2 Geschichte als Wissenschaft: Theorien in der Geschichtsdarstellung 16
3 Zum Umgang mit Sekundärliteratur 28

II Quellengattungen

4 Schriftliche Quellen 33
5 Werke der Malerei und der Bildhauerkunst als Quellen für die Geschichte 38
6 „Architektur erzählt Geschichte": Zur historischen Interpretation von Bauwerken 50
7 „Dichtung und Wahrheit" – Literatur als historische Quelle 56
8 „Geschichte mit dem Zeichenstift": die Karikatur 66
9 Historische Karten und Geschichtskarten 69
10 Das Plakat oder „Die aufgehängte Geschichte" 75
11 Die Welt der Zahlen: Zum Umgang mit Statistiken 80
12 Fotografien als historische Quellen 86
13 „Oral history" – das historische Interview 91

III Geschichte und moderne Medien

14 Geschichte im Film 96
15 Geschichte digital – Computer und Geschichtsunterricht 101

Literaturhinweise und Hilfsmittel für Referate und Projekte 109
Bildquellenverzeichnis 111
Register 112

Zur Arbeit mit dem Methodenheft

Das Heft *Methodenarbeit im Geschichtsunterricht* ist ein Lehr- und Arbeitsbuch für Schülerinnen und Schüler der gymnasialen Oberstufe. Es kann sowohl in Grundkursen als auch in Leistungskursen eingesetzt werden. Es eignet sich für die kursbegleitende Arbeit ebenso wie für längere methodenorientierte Unterrichtsabschnitte, die als kompakte Methodenschulung oftmals zu Beginn der Kursstufe unterrichtet werden.

Das Methodenheft ist in drei große Abschnitte gliedert. Die Kapitel in Abschnitt I befassen sich mit Zugängen zur Geschichte. Praktische Anleitungen zum Umgang mit allen Quellengattungen geben die Kapitel in Abschnitt II. Abschnitt III bietet Hilfestellungen beim Einsatz der modernen Medien Film und Computer. In den einzelnen Kapiteln können Sie folgende Elemente finden:

Systematische Einleitungen
Darstellungstexte führen systematisch und problemorientiert in jedes Kapitelthema ein.

Systematische Fragen zum Umgang mit Quellen
In den meisten Kapiteln finden sich farblich unterlegte Kästen. Sie enthalten systematische Fragenkataloge zum Umgang mit der jeweiligen Quellengattung, z. B. mit Karten.

Materialien und Arbeitsfragen
Alle Kapitel enthalten Materialien aus verschiedenen Epochen, die sich durch Arbeitsaufträge erschließen lassen. Die Materialien sind so ausgewählt, dass sie sich problemlos in die klassischen Unterrichtsthemen integrieren lassen (Antike, Nationalsozialismus usw.).

Beispiel-Interpretationen
In einzelnen Kapiteln wird anhand einer Quelle exemplarisch vorgeführt, wie eine systematische Quellen-Interpretation aussehen könnte, z. B. die Interpretation einer Statistik.

Weiterführende Arbeitsanregungen
Jedes Kapitel endet mit einer Extraseite, die weiterführende Arbeitsanregungen anbietet. In enger Anlehnung an das jeweilige Kapitelthema sollen diese Aufträge den Geschichtsunterricht der Oberstufen um handlungsorientierte und Fächer verbindende Elemente bereichern und zur Teamarbeit, Projektarbeit, zum Einsatz von Computern sowie zu außerschulischen Aktivitäten anregen. Handlungsorientierte Aufträge sind mit dem Symbol 🚶 versehen.

Das Register und die Synopse „Gliederung der Inhalte nach Epochenthemen"
Alle Darstellungen, Materialien und Arbeitsaufträge sind in enger Anlehnung an die klassischen Unterrichtsthemen ausgewählt und konzipiert worden. Mithilfe der Synopse S. 5–7 können Sie auf einen Blick alle Materialien dieses Heftes nach Kursthemen geordnet erfassen; diesem Zweck dient auch das Register S. 112.

Literaturverzeichnis und Hilfsmittel für Referate
Das Literaturverzeichnis am Ende des Heftes enthält eine Auswahl neuerer Handbücher und Übersichtswerke zu allen Epochen, die sich besonders als Hilfsmittel für Referate eignen, sowie eine Auswahl fachdidaktischer Aufsätze zu den verschiedenen Quellengattungen.

Inhalte des Methodenheftes geordnet nach Epochenthemen

Kursthema	Kapitel im Methodenheft	Darstellungen, Material, Weiterführende Arbeitsanregungen/WA (Seiten)	
Antike	Was ist Geschichte?	Material	M 3, 11
	Geschichtstheorie	Darstellung	19
	Schriftliche Quellen	Darstellung	33
	Malerei/Bildhauerei	Darstellung	39–41
		Material	M 1 und M 2, 40
		WA	Nr. 1, 49
	Karten	Darstellung	69
	Computer	Material	M 5, 106
		WA	Nr. 5, 108
Mittelalter	Was ist Geschichte?	Material	M 4, 11
	Geschichtstheorie	Darstellung	19
	Schriftliche Quellen	Darstellung	33
	Malerei/Bildhauerei	Darstellung	41 f.
		Material	M 3, 42
	Architektur	Darstellung	50–53
		Material	M 1, 51; M 2, 52
		WA	Nr. 1 und 2, 55
	Karten	Darstellung	69
		Material	M 1, 70; M 5, 73
		WA	Nr. 1b und 2, 74
	Statistik	Darstellung	80
	Computer	WA	Nr. 4, 108
Anbruch der Neuzeit	Architektur	Darstellung	52 f.
		Material	M 2, 52
	Karten	Darstellung	70
		Material	M 2, 70
		WA	Nr. 1a, 74
Absolutismus/ Aufklärung	Was ist Geschichte?	Material	M 5, 12
	Malerei/Bildhauerei	Darstellung	42–44
		Material	M 4, 43
Liberalismus/ Nationalismus im 19. Jh.	Malerei/Bildhauerei	Darstellung	44 f.
		Material	M 5, 43; M 6, 44
	Karikatur	Darstellung	67
		Material	M 1, 67
		WA	Nr. 2 und 3, 68
Industrialisierung im 19. Jh.	Geschichtstheorie	Darstellung	16, 20
		Material	M 1, 16; M 2a u. b, 19
		WA	Nr. 1d und e, 27
	Karten	Material	M 4, 72
	Plakat	Darstellung	76
	Statistik	Darstellung	80 f.
	Computer	Material	M 7, 107

Synopse

Kursthema	Kapitel im Methodenheft	Darstellungen, Material, Weiterführende Arbeitsanregungen/WA (Seiten)	
Deutsche Kaiserzeit (1871–1918)	Malerei/Bildhauerei	Darstellung	46 f.
		Material	M 7, 46
		WA	Nr. 1 und 2, 49
	Literatur	Material	M 1 bis 3, 59–62
		Darstellung	61–64
		WA	Nr. 4, 65
	Plakat	Material	M 2, 76; M 4, 79
		WA	Nr. 1, 79
	Film	Material	M 1, 97
	Computer	Material	M 4, 106
		WA	Nr. 3, 108
20. Jahrhundert allgemein	Schriftliche Quellen	Darstellung	33
	Malerei/Bildhauerei	Darstellung	45–48
	Architektur	Darstellung	53 f.
	Plakat	Darstellung	77 f.
	Statistik	Darstellung	80 f.
Weimarer Republik	Plakat	Material	M 5 und 6, 79
		WA	Nr. 1, 79
	Statistik	Material	M 1, 81; M 2, 83
		Darstellung	83 f.
Nationalsozialismus	Geschichtstheorie	Darstellung	16
	Sekundärliteratur	Material	M 2, 31; M 3, 32
	Schriftliche Quellen	Darstellung	35
		Material	M 2, 36
	Plakat	Material	M 6 und 7, 79; M 3, 95
		WA	Nr. 1, 79
	Fotografie	Darstellung	88
		Material	M 1, 88; M 2, 94
		WA	Nr. 2, 90
	Historisches Interview	Material	M 1, 93
		WA	Nr. 2, 95
	Film	Material	M 2 a bis c, 100
		WA	Nr. 2, 100
	Computer	Material	M 2, 105
		WA	Nr. 4, 108
Internationale Politik nach 1945	Geschichtstheorie	Darstellung	18
		Material	M 5, 22
	Fotografie	Darstellung	89
		Material	M 2 a bis c, 89 f.
		WA	Nr. 1, 90
	Computer	WA	Nr. 1, 108

Kursthema	Kapitel im Methodenheft	Darstellungen, Material, Weiterführende Arbeitsanregungen/WA (Seiten)	
Deutschland nach 1945	Geschichtstheorie	Material	M 6, 23; M 8, 24
	Schriftliche Quellen	WA	Nr. 4, 37
	Malerei/Bildhauerei	Darstellung	47 f.
		Material	M 8, 48
	Architektur	Darstellung	53
		Material	M 3, 54
	Karikatur	WA	Nr. 2 und 4, 68
	Karten	WA	Nr. 5, 75
	Plakat	Material	M 1, 75; M 3, 77; M 4 und 5, 95
	Statistik	Material	M 1, 81; M 3, 95
		WA	Nr. 1 bis 3, 85
	Fotografie	Darstellung	89
		Material	M 2 a bis c, 89 f.
		WA	Nr. 1, 90
	Historisches Interview	WA	Nr. 2, 95
	Film	Material	M 2 a bis c, 100
		WA	Nr. 2, 100
	Computer	WA	Nr. 1, 108
Frauen-/ Geschlechtergeschichte	Geschichtstheorie	Darstellung	18 f.
		Material	M 7, 23; M 10, 26
	Schriftliche Quellen	Arbeitsauftrag	Nr. 4, 37
	Statistik	Material	M 1, 81; M 2, 83
Umweltgeschichte	Geschichtstheorie	Darstellung	18
		Material	M 9, 25
		WA	Nr. 3 c, 85

I Zugänge zur Geschichte

1 Was ist und wozu betreiben wir „Geschichte"?

Geschichte als Teil der persönlichen Identität

Können Menschen ohne Geschichtsunterricht leben? Zweifellos! Ein Blick in frühere Zeiten, selbst in viele Länder unserer heutigen Welt beweist es. Der Geschichtsunterricht für alle ist wie die Schule für alle relativ „jung": Im Deutschen Reich wurde er an den Volksschulen erst 1872 eingeführt, an den Gymnasien in der Regel schon vor etwa 200 Jahren. Und wie viele Kinder und Jugendliche in Afrika, Lateinamerika oder Asien gehen auch heute noch nicht zur Schule, haben also auch keinen Geschichtsunterricht?

Können Menschen ohne Geschichte leben? Zweifellos nicht! Ein Mensch ohne Geschichte ist ein Mensch ohne Erinnerung. Stellen Sie sich einmal – als Gedankenexperiment - vor, Sie müssten einem anderen etwas von sich erzählen, aber es gäbe vor diesem Moment des Erzählens keine Vergangenheit, es gäbe nur die Gegenwart. Das ist praktisch unmöglich. Die eigene Erinnerung oder die eigene Lebensgeschichte ist ein Teil jeder Person, sie macht sie unverwechselbar, sie ist ein Teil seiner Identität.

Geschichte als gemeinsame Erinnerung

Menschen leben aber nicht völlig allein auf der Welt, isoliert von anderen. Als Einzelpersonen gehören sie mehreren Personenverbänden (z. B. Familie) oder sozialen Gruppen (z. B. Arbeiter, Angestellte) und deren Erinnerungen an. Kinder hören zum Beispiel die erzählten Erinnerungen der Großeltern und Eltern und diese „gelernten" Erinnerungen verbinden sich mit den eigenen Erinnerungen. Die Erinnerungen der Großeltern sterben nicht mit ihnen, sie leben in den Kindern und Enkelkindern weiter, ja man könnte sagen, dass ein Mensch erst dann wirklich tot ist, wenn seine erzählten Erinnerungen vergessen sind. In der Familie ist die Erinnerung an Personen gebunden. Als Bürger oder Bürgerin einer Stadt wiederum nimmt man über Gebäude, Denkmäler oder Wappen an den Erinnerungen früherer Stadtbewohner teil.

Außerhalb der engen personalen Beziehungen haben sich die Menschen schon immer „Zeichen" für die gemeinsame Erinnerung geschaffen: Denkmäler, Schriftzeichen oder Daten, Feiertage, an denen man sich einer gemeinsamen Geschichte erinnert. Auch diese gemeinsamen Erinnerungen (die „Geschichte") sind Teil der Identität jedes Einzelnen. Am 14. Juli werden in Deutschland nur wenige an die Französische Revolution von 1789 denken, in Frankreich hingegen wird auf allen Straßen getanzt, wird die gemeinsame Erinnerung an den Sieg des Volkes über das absolute Königtum beschworen. Das Aufkommen oder Verschwinden von Feiertagen zeigt an, welche Erinnerungen soziale Großgruppen wie Nationen aufbewahren wollen: Vor hundert Jahren fanden am 2. September überall in Deutschland Gottesdienste zur Erinnerung an den Sieg in Sedan statt, wurden in allen Gymnasien Schulfeiern abgehalten, Kränze niedergelegt. Wer erinnert sich heute an den Tag von Sedan? (M 7).

Geschichte als Rekonstruktion

Die Fakten allein machen noch nicht die Geschichte aus. Dass der Sturm auf die Bastille in den Geschichtsbüchern auf den 14. Juli und nicht auf den 7. oder 21. Juli datiert wird, ist gewiss wichtig. Genauigkeit ist eine Pflicht von Historikerinnen und Historikern (M 4). Wichtiger ist jedoch die Bedeutung, die wir *nachträglich* dem 14. Juli 1789 zusprechen (M 8). Es gibt unend-

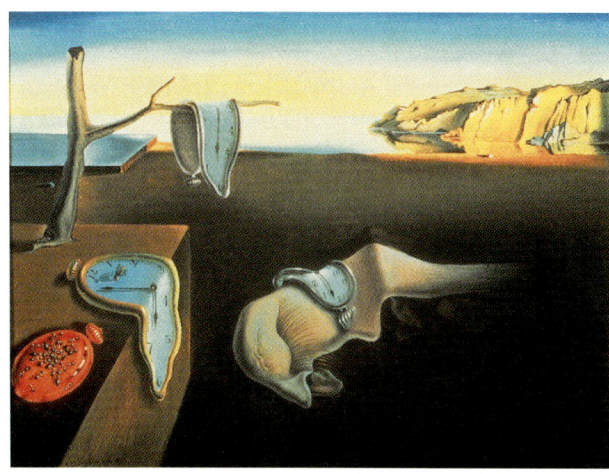

M 1 Salvatore Dali (1904–1989), **Die weichen Uhren (Die Beharrlichkeit der Erinnerung)**, 1931, Öl auf Leinwand. – *Dali hatte dieses Gemälde auch als die „Camemberts des Raumes und der Zeit" bezeichnet.*

lich viele bekannte Fakten in der Geschichte (von den in den Archiven schlummernden unbekannten Fakten ganz zu schweigen), die für uns heute ohne Bedeutung sind, aber vielleicht einmal Bedeutung hatten oder Bedeutung haben werden. Wenn es bei Schiller heißt „Ewig still steht die Vergangenheit", so ist das nur bedingt richtig (M 5). Sicher, die Vergangenheit kann man nicht mehr verändern, weder die persönliche Vergangenheit noch die allgemeine Geschichte. Aber es kommt auf die Perspektive, also das Wissen, die Erfahrungen und die Interessen an, mit denen wir die Vergangenheit rekonstruieren, das heisst auf die Fragen, die wir heute an das Vergangene stellen (M 3). In einer pluralistischen Gesellschaft, d.h. einer Gesellschaft, in der Gruppen, Organisationen und Weltanschauungen gleichberechtigt nebeneinander bestehen und miteinander konkurrieren, gibt es deshalb unterschiedliche Geschichtsbilder, gibt es Streit um die „richtige" Auslegung der Vergangenheit (M 2 a und b).

Wissenschaftliche und andere Zugänge zur Geschichte

Und die Geschichtswissenschaft? Ist es nicht die Aufgabe von Historikerinnen und Historikern, die Geschichte objektiv zu erforschen? Haben wir dafür nicht den Geschichtsunterricht? Zunächst: Die Geschichtswissenschaft bemüht sich der historischen Wirklichkeit so nahe wie möglich zu kommen, sie hat dafür bestimmte Methoden und sie versucht möglichst viele Quellen zur Re-Konstruktion heranzuziehen, die Tatsachen genau festzustellen und plausibel zu erklären (siehe Kap. 2, S. 16 ff.). Aber es bleibt eine Rekonstruktion. Sodann: Auch Historikerinnen und Historiker sind Angehörige ihrer Zeit mit besonderen Erfahrungen und Interessen. Die Fakten lassen immer Interpretationsspielräume zu, allerdings ist keine Interpretation gegen oder ohne Fakten erlaubt. Schließlich: Die Geschichte ist kein Eigentum der Geschichtswissenschaft. Neben dem wissenschaftlichen Zugang zur Geschichte gibt es philosophische, religiöse, politische oder ästhetische Zugänge, und diese können ebenso „wahr" sein wie Aussagen der Geschichtswissenschaft (die folgenden Materialien stammen deshalb auch nicht nur von Historikern). Eine der besonderen Aufgaben der Geschichtswissenschaft ist die Kritik (M 2 b, M 6), Kritik an historischen Mythen und Legenden, überhaupt an jeder Instrumentalisierung der Geschichte, d. h. der Vereinnahmung für machtpolitische Zwecke. Der Soziologe Max Weber (1864–1920) hatte dazu einmal gesagt: „Wissenschaft ist der methodisierte Zweifel". Eines ist die Geschichtswissenschaft aber nicht: Sie ist keine Richterin – weder über die Geschichte noch über das historische Denken.

M 2 Geschichte als Identitätslieferantin oder als Kritik?

a) Der Historiker Michael Stürmer (geb. 1938) vor dem Schülerverein des Friedrichsgymnasiums Kassel (1984):

Die Schwierigkeiten im Selbstverständnis unserer Zivilisation kommen […] nicht allein aus dem Verhältnis zu Gegenwart und Vergangenheit, das wir Geschichte nennen. Schwierigkeiten kommen auch aus der tiefen Kluft zwischen den Generationen in diesem Lande. […]

Im Niemandsland zwischen den Generationen […] wird deutlich, dass irgendetwas fehlt: Es fehlt an geistigen Tauschplätzen, an der politischen Kultur, die aus Siegen und Niederlagen der Geschichte stammt, und an der Sicherheit des nationalen Selbstbewusstseins und Konsens[1]. Der Republik fehlt es offenkundig nicht an Prosperität[2], privatem und öffentlichem Wohlstand, nicht an sozialer und nicht an militärischer Sicherheit. Der Republik mangelt es an hinreichender Sicherheit im Umgang mit sich selbst, Zustimmung zur eigenen Existenz. […]

Die deutsche Geschichte ist 1945 nicht in den Abgrund gestürzt und sie hat seitdem nicht neu begonnen. Ihre politische Dynamik und ihre geostrategische Schlüsselrolle sind geblieben. Sie fordern von den Deutschen die Fähigkeit Freiheit und Verantwortung zu verbinden, die Disziplin der mitteleuropäischen Realpolitik zu bewahren, Mut zu haben zur arbeitsteiligen Leistungsgesellschaft und Kraft zu ihrer geistigen Identität. Niemand wird sagen, dass Politik allein diesen Weg bestimmen kann. Aber kluge Politik muss wissen, dass der Mensch allein vom Brot nicht lebt. Nirgendwo stärker als in der Schule und in den Einrichtungen der Bildung aber wird Identität gewonnen oder verloren, wird Konsens gestiftet oder zerstört, wird mit dem Bild der deutschen und europäischen Kultur auch das Bild der deutschen und europäischen Zukunft gestaltet oder verspielt. […]

Wenn es uns nicht gelingt, die geistigen Tauschplätze wieder zu definieren, uns auf einen elementaren Lehrplan der Kultur zu einigen, damit Kontinuität[3] und Konsens im Lande vorzuarbeiten und Maß und Mitte des Patriotismus wieder zu finden, dann könnte es sein, dass die Bundesrepublik Deutschland den besten Teil ihrer Geschichte hinter sich hat.

Michael Stürmer, Dissonanzen des Fortschritts. Essays über Geschichte und Politik in Deutschland, München u. a. (Piper) 1986, S. 268ff.

1 Übereinstimmung
2 Aufschwung, Blüte, Wohlstand
3 Fortdauer

b) Der Historiker Jürgen Kocka (geb. 1941) diskutierte 1986 in einem Zeitungsartikel die Frage „Geschichte als Aufklärung oder Geschichte als Identitätslieferantin?":

Bekanntlich wird derzeit häufig von der Besinnung auf die gemeinsame Geschichte erwartet, dass sie zur Stärkung von Identität […] als konsensförderndes Gemeinsamkeitsgefühl und -bewusstsein verstanden wird, das die Legitimität[1] und die kollektive[2] Handlungsfähigkeit (Zukunftsfähigkeit) von Gesellschaften stärkt. Daran ist vieles problematisch. […]

Erstens sind Formen der Identitätsstiftung denkbar und beobachtbar, die mit Geschichtswissenschaft und ihrer spezifischen, aufklärungsgeprägten Rationalität nicht vereinbar sind. Dazu gehört jede Stilisierung und jede Beschönigung der eigenen Geschichte, dazu gehören Mythen und Legenden, dazu gehört jede primär über Emotion und Suggestion[3] vermittelte Aneignung von Geschichte. Sicherlich, Stolz, Sympathie und Rührung mögen die Beschäftigung mit der eigenen Geschichte begleiten, häufiger noch Trauer und Mitleid, Verachtung und Hass. Aber wenn man Geschichte als Aufklärung will, darf man dabei nicht stehen bleiben, sondern muss diese Gefühle gedanklich einholen. Die ehrlichste Betroffenheit und die angestrengteste Trauerarbeit können das Begreifen, die Erklärung, die Einordnung des historischen Phänomens nicht ersetzen, und darauf kommt es an, wenn Geschichte orientieren und zukunftsfähig machen soll.

Zweitens halte ich es für eine merkwürdige neokonservative Illusion zu glauben, dass die Erinnerung der gemeinsamen Vergangenheit automatisch zu mehr Konsens und Gemeinschaftlichkeit in der Gegenwart führt. Blickt man nüchtern, unvoreingenommen und um Wahrheit bemüht in die Vergangenheit, dann entdeckt man auch vieles, was schmerzt, und vieles, was trennt. Streit ist die Folge, zumindest erfährt man aber Pluralität⁴, Ambivalenz⁵, Relativierung und Zweifel. […]

Drittens ist zu betonen, dass die gesellschaftlichen Funktionen von Geschichte vielfältig und durch den Begriff „Identitätsbildung" sehr ungenau beschrieben sind. Zu diesen Leistungen der Geschichte für die Gegenwart gehört die Erklärung historisch bedingter Gegenwartsphänomene um sich ihnen gegenüber angemessener verhalten zu können. Beispielsweise sind Antisemitismus, die nationale Frage, das Problem der sozialen Ungleichheit zwischen den Geschlechtern solche Gegenwartsprobleme, die man ohne Begreifen ihrer historischen Dimension gar nicht vernünftig behandeln kann. Zu den Leistungen der Geschichte für die Gegenwart gehört es weiterhin, dass man durch genaue Analyse vergangener Zusammenhänge, Erfolge oder Katastrophen Kategorien gewinnt, die auch unter veränderten Konstellationen in Gegenwart und Zukunft praktische Orientierung erleichtern, Sensibilität erhöhen und gesellschaftlich-politisches Handeln indirekt anleiten. Und die Geschichte kann helfen durch sekundäre Fremdheitserfahrungen, durch Verfremdungen Möglichkeitsbewusstsein zu erzeugen, im Lichte dessen die gegebene Wirklichkeit unter Legitimationsdruck gerät und ihre scheinbare Selbstverständlichkeit verliert. Hier […] zeigt sich die Kraft der Geschichte als Kritik.

Jürgen Kocka, Wider die historische Erinnerung, die Geborgenheit vorspiegelt, in: Frankfurter Rundschau, 4. Januar 1986, S.10.

1 Rechtmäßigkeit
2 gemeinsam
3 gefühlsmäßige Beeinflussung
4 vielfältiges Nebeneinander
5 Doppelwertigkeit

1 Skizzieren Sie das Problem, das Michael Stürmer in M 2 a benennt. Berücksichtigen Sie auch den historischen Kontext des Textes.
2 Welche gesellschaftliche Funktion weist Stürmer der Geschichte zu?
3 Vergleichen Sie die Position von Stürmer mit der Jürgen Kockas und bestimmen Sie, in welchen Punkten Jürgen Kocka (M 2 b) Stürmer widerspricht.
4 Diskutieren Sie beide Positionen zur Funktion von Geschichte im Kurs.

M 3 Anzeige des Verbandes Deutscher Verkehrsunternehmen und der Deutschen Bahnen in „Monumente. Magazin für Denkmalkultur in Deutschland", Oktober 1993

1 Welche Formen des Zugangs zur Geschichte illustrieren M 1, M 3 und M 4?
2 Suchen Sie Beispiele für weitere Zugangsformen zu Geschichte (s. auch den einleitenden Darstellungstext oben S. 8 f.).

M 4 Der Historiker Dietrich Kurze (geb. 1928) schrieb 1987 zur 750-Jahr-Feier der Stadt Berlin über die historischen Grundlagen der Feierlichkeiten:

Zum 28.Oktober 1237 wird in einer Urkunde Pfarrer Simeon von Cölln (Symeon plebanus de Colonia) als Zeuge aufgeführt. Wenige Jahre später, im Januar 1244, begegnet er uns als Propst von Berlin (dominus Symeon de Berlin prepositus). Kein datierter Gründungsakt, keine „Geburtsbescheinigung" berechtigt und veranlasst uns 1987 auf 750 Jahre Berliner Geschichte zurückzublicken, sondern die eher beiläufige Erwähnung des Pfarrers und Propstes, der der erste namentlich bekannte Cöllner und Berliner ist. Allgemeine politische und stadtgeschichtliche Erwägungen legen es nahe und die Funde der Archäologen im Boden Berlins und Cöllns machen es zur Gewissheit, dass die Anfänge der beiden Schwesterstädte vor 1237 liegen müssen. Doch dem, der für historische Besinnung bestimmter Daten bedarf, mag es lieber sein, das Alter seiner Stadt mit genau 750, statt mit ungefähr 800 Jahren anzugeben.

Dietrich Kurze, Bürger, Bauer, Edelmann, in: Berlin im Mittelalter, hg. vom Museum für Vor- und Frühgeschichte Berlin, Berlin (Staatliche Museen Preußischer Kulturbesitz) 1987, S. 130.

1 Erörtern Sie das in M 4 angesprochene Problem der Datierung von historischen „Ereignissen".
2 Suchen Sie nach weiteren Ereignissen aus der Geschichte, deren Datierung umstritten ist und erläutern Sie kurz die Probleme und offenen Fragen.

M 5 Friedrich von Schiller (1759–1805), seit 1789 Professor für Geschichte in Jena, in seiner Antrittsrede „Was heißt und zu welchem Ende studiert man Universalgeschichte?":

Fruchtbar und weit umfassend ist das Gebiet der Geschichte; in ihrem Kreise liegt die ganze moralische Welt. Durch alle Zustände, die der Mensch erlebte, durch alle abwechselnden Gestalten der Meinung, durch seine Torheit und seine Weisheit, seine Verschlimmerung und Veredlung, begleitete sie ihn, von allem, was er sich nahm und gab, muss sie Rechenschaft abgeben. Es ist keiner unter Ihnen allen, dem Geschichte nicht etwas Wichtiges zu sagen hätte; alle noch so verschiedenen Bahnen Ihrer künftigen Bestimmung verknüpfen sich irgendwo mit derselben; aber eine Bestimmung teilen Sie alle auf gleiche Weise miteinander, diejenige, welche Sie auf die Welt mitbrachten – sich als Menschen auszubilden – und zu den Menschen eben redet die Geschichte. […] Der Mensch verwandelt sich und flieht von der Bühne; seine Meinungen fliehen und verwandeln sich mit ihm: Die Geschichte allein bleibt unausgesetzt auf dem Schauplatz, eine unsterbliche Bürgerin aller Nationen und Zeiten. […]

Unser *menschliches* Jahrhundert herbeizuführen haben sich – ohne es zu wissen oder zu erzielen – alle vorhergehenden Zeitalter angestrengt. Unser sind alle Schätze, welche Fleiß und Genie, Vernunft und Erfahrung im langen Alter der Welt endlich heimgebracht haben. Aus der Geschichte erst werden Sie lernen einen Wert auf die Güter zu legen, denen Gewohnheit und unangefochtener Besitz so gern unsre Dankbarkeit rauben.

1 Arbeiten Sie aus M 5 heraus, wie nach Ansicht von Schiller Geschichte entsteht.
2 Erläutern Sie das Verhältnis von Geschichte und Gegenwart bei Schiller.

M 6 Der Philosoph Friedrich Nietzsche (1844–1900) schrieb 1873/74 in der Abhandlung „Vom Nutzen und Nachteil der Historie für das Leben":

In dreierlei Hinsicht gehört die Historie dem Lebendigen an: Sie gehört ihm als dem Tätigen und Strebenden, ihm als dem Bewahrenden und Verehrenden, ihm als dem Leidenden und der Befreiung Bedürftigen. Dieser Dreiheit von Beziehungen entspricht eine Dreiheit von Arten der Historie: sofern es erlaubt ist, eine monumentalische, eine antiquarische und eine kritische Art der Historie zu unterscheiden. […]

Wodurch […] nützt dem Gegenwärtigen die monumentalische Betrachtung der Vergangenheit, die Beschäftigung mit dem Klassischen und Seltenen früherer Zeiten? Er entnimmt daraus, dass das Große, das einmal da war, jedenfalls einmal möglich war und deshalb auch wohl wieder einmal möglich wird; er geht mutiger seinen Gang, denn jetzt ist der Zweifel, der ihn in schwächeren Stunden anfällt, ob er nicht vielleicht das Unmögliche wolle, aus dem Felde geschlagen. […]

Die Geschichte gehört […] zweitens dem Bewahrenden und Verehrenden, dem, der mit Treue und Liebe dorthin zurückblickt, woher er kommt, worin er geworden ist; durch diese Pietät trägt er gleichsam den Dank für sein Dasein ab. Indem er das von alters her Bestehende mit behutsamer Hand pflegt, will er die Bedingungen, unter denen er entstanden ist, für solche bewahren, welche nach ihm entstehen sollen – und so dient er dem Leben. […] Hier ist immer eine Gefahr sehr in der Nähe: Endlich einmal wird alles Alte und Vergangene […] einfach als gleich ehrwürdig hingenommen, alles aber, was diesem Alten nicht mit Ehrfurcht entgegenkommt, also das Neue und Werdende, abgelehnt und angefeindet. […] Die antiquarische Historie entartet selbst in dem Augenblicke, in dem das frische Leben der Gegenwart sie nicht mehr beseelt und begeistert. […]

Hier wird deutlich, wie notwendig der Mensch […] eine dritte Art nötig hat, die kritische: und zwar auch diese wiederum im Dienste des Lebens. […] Mitunter […] verlangt eben dasselbe Leben, das die Vergessenheit braucht, die zeitweilige Vernichtung dieser Vergessenheit; dann soll es eben gerade klar werden, wie ungerecht die Existenz irgendeines Dinges, eines Privilegiums, einer Kaste, einer Dynastie zum Beispiel, ist, wie sehr dieses Ding den Untergang verdient. Dann wird seine Vergangenheit kritisch betrachtet, dann greift man mit dem Messer an seine Wurzeln, dann schreitet man grausam über alle Pietäten hinweg.

M 5 und 6 zit. nach Kurt Rossmann (Hg.), Deutsche Geschichtsphilosophie von Lessing bis Jaspers, Bremen (Schünemann) 1959, S. 88ff. und 343ff.

1 Benennen und erläutern Sie die drei Arten von Geschichte, die Nietzsche in M 6 unterscheidet.
2 Beurteilen Sie, ob das, was Jürgen Kocka (M 2 b) und Nietzsche als „kritische" Funktion von Geschichte verstehen, vergleichbar ist.
3 Besorgen Sie sich den vollständigen Text von Nietzsches „Vom Nutzen und Nachteil der Historie für das Leben" und bereiten Sie ein Referat über den Autor, seine Schrift und die darin vertretene Auffassung von Geschichte vor.

M 7 Der Ägyptologe Jan Assmann (geb. 1938) zur „Erinnerungskultur":

Die Vergangenheit […], das ist unsere These, entsteht überhaupt erst dadurch, dass man sich auf sie bezieht. Ein solcher Satz muss zunächst befremden. Nichts erscheint natürlicher als das Entstehen von Vergangenheit; sie entsteht dadurch, dass Zeit vergeht. So kommt es, dass das Heute morgen „der Vergangenheit angehört". Es ist zum Gestern geworden. Zu diesem natürlichen Vorgang können sich aber Gesellschaften auf ganz verschiedene Weise verhalten. Sie können, wie es Cicero von den „Barbaren" behauptet, „in den Tag hineinleben" und das Heute getrost der Vergangenheit anheim fallen lassen, die in diesem Fall Verschwinden und Vergessen bedeutet, sie können aber auch alle Anstrengungen darauf richten das Heute auf Dauer zu stellen, etwa dadurch, dass sie, wie Ciceros Römer, „alle Pläne auf die Ewigkeit ausrichten" […] und wie der ägyptische Herrscher „sich das Morgen vor Augen stellen" und sich „die Belange der Ewigkeit ins Herz setzen". Wer in dieser Weise schon im „Heute" auf das „Morgen" blickt, muss das „Gestern" vor dem Verschwinden bewahren und es durch Erinnerung festzuhalten suchen. In der Erinnerung wird Vergangenheit rekonstruiert. In diesem Sinne ist die These gemeint, dass Vergangenheit dadurch entsteht, dass man sich auf sie bezieht. […]

Damit man sich auf die Vergangenheit beziehen kann, muss sie als solche ins Bewusstsein treten. Das setzt zweierlei voraus: a) Sie darf nicht völlig verschwunden sein, es muss Zeugnisse geben; b) Diese Zeugnisse müssen eine charakteristische Differenz zum „Heute" aufweisen.

Jan Assmann, Das kulturelle Gedächtnis. Schrift, Erinnerung und politische Identität in frühen Hochkulturen, München (Beck) 1992, S. 31ff.

1 Welche Möglichkeiten, mit dem Vergangenen umzugehen, werden in M 7 genannt?
2 Erläutern Sie die Grundthese des Autors zur Entstehung von Geschichte.

Zugänge zur Geschichte

M 8 Claudio Magris (geb. 1939), Professor für deutsche Literatur in Triest, zu Zeit- und Geschichtsbewusstsein (1988):

Die Zeiteinheiten, welche die Handbücher der Geschichte unterscheiden, beispielsweise das Quartär oder das Augusteische Zeitalter oder die Zeitabschnitte unseres Lebens –
5 die Zeit auf dem Gymnasium, die Zeit, in der man eine bestimmte Person liebte –, sind geheimnisvoll, sie sind nur schwer messbar. […]
   Große Historiker wie Braudel[1] haben sich
10 vor allem mit diesem rätselhaften Aspekt der Zeitdauer auseinander gesetzt, mit der Ambiguität, der Vieldeutigkeit dessen, was sich „zeitgenössisch" nennt. Dieses Wort nimmt ganz verschiedene Bedeutungen an
15 […]: Für jemanden, der in Görz lebt und in der Alltagswelt, die ihn umgibt, ständig auf die Spuren eines Kaisers Franz Joseph stößt, ist dieser ein Zeitgenosse, während er für jemand anderen, der in Vignale Monferrato
20 lebt, einer weit zurückliegenden Zeitepoche angehört. Für Hamsun[2], der bereits zu der Zeit der Schlacht von Sedan geboren war und noch den Beginn des Koreakrieges erlebte, waren diese beiden Ereignisse gewis-
25 sermaßen von einem einzigen Horizont eingefasst, während sie für einen Weininger[3], der 1903 sehr früh starb, einerseits einer vor seiner Geburt liegenden Vergangenheit und andererseits noch einer ganz fernen Zu-
30 kunft, einer Welt, die er sich nicht einmal hätte vorstellen können, zugehören.
   Die Geschichte erhält ihre Realität immer ein wenig im Nachhinein, erst wenn sie ver-
35 gangen ist, und die allgemeinen Zusammenhänge, die Jahre später in den Annalen festgelegt und beschrieben werden, ordnen einem Ereignis Rolle und Bedeutung zu. In Erinnerung an die bulgarische Niederlage –
40 ein entscheidendes Ereignis für den Ausgang des Ersten Weltkrieges und somit auch für das Ende einer ganzen Kultur – schreibt Graf Károly, dass er, während er sie erlebte, ihre Bedeutung nicht wahrgenommen habe,
45 weil „in jenem Augenblick" „jener Augenblick" noch nicht „jener Augenblick" geworden war. […] Wie Zenon[4] die Bewegung eines vom Bogen abgeschossenen Pfeils leugnete – weil er in jedem Augenblick in einem Punkt des Raumes verharre und eine
50 Abfolge von unbewegten Augenblicken nicht Bewegung heißen könne –, so müsste man auch sagen, dass es nicht die Abfolge jener Momente ohne Geschichte sei, welche die Geschichte hervorbringe, sondern die
55 Wechselbeziehungen und die nachträglichen Ergänzungen der Geschichtsschreibung. Das Leben, sagt Kierkegaard[5], könne nur verstanden werden, indem man nach rückwärts schaue, auch wenn es gelebt wer-
60 den müsse, indem man nach vorn sehe – das heißt auf etwas, was nicht existiert.

Claudio Magris, Donau. Biografie eines Flusses, München u. a. (Hanser) 1988, S. 42ff.

1 Fernand Braudel, französischer Historiker (1902–1985)
2 Knut Hamsun, norwegischer Schriftsteller (1859–1952)
3 Otto Weininger, österreichischer Philosoph (1880–1903)
4 Zenon der Jüngere, griechischer Philosoph und Begründer der Stoa (um 336–264 v. Chr.)
5 Sören Kierkegaard, dänischer Philosoph (1813–1855)

1 Claudio Magris spricht in M 8 von klassischen „Zeiteinheiten" historischer Handbücher. Besorgen Sie sich solche Handbücher (Schülerbibliothek) und stellen Sie in einer groben Übersicht die großen Epochen der Geschichte von den Anfängen der Menschheit bis zur Gegenwart zusammen. Stellen Sie diese anderen Epocheneinteilungen gegenüber:
a) Epochen zur Geschichte Deutschlands, vergleichend dazu Epochen zur Geschichte Russlands (Lexika, historische Handbücher),
b) Epochen der deutschen Literaturgeschichte (Fächer verbindend mit dem Kurs Deutsch zu erarbeiten),
c) Epochen der Geschichte Ihres Wohnortes (lokale Chroniken in der Ortsbücherei),
d) Epochen der Geschichte Ihrer Familie (gemeinsam im Gespräch mit Eltern und Großeltern).
2 Diskutieren Sie Ihre Ergebnisse auf dem Hintergrund der Ausführungen von Magris in M 8.

Weiterführende Arbeitsanregungen

1 Vergleichen Sie die Positionen in M 2 und M 5 bis M 8 (erstellen Sie eine Übersicht):
a) Was verstehen die Autoren jeweils unter „Geschichte"?
b) Wie erklären sie jeweils die Entstehung von Geschichte?
c) Benennen und erläutern Sie die zentralen Begriffe, mit denen die Autoren argumentieren.
d Welche Funktionen der Geschichte für das Individuum, die Gesellschaft und den Staat stellen die Texte heraus? Diskutieren Sie einige der Positionen.

2 🏃 Projekt „Geschichte in der Alltagswelt"
Die Erscheinungsformen von Geschichte in unserem Alltag sind vielfältig, meistens nimmt man sie gar nicht besonders wahr. Aber auch unbewusst lenken diese alltäglichen Erscheinungsformen unsere Aufmerksamkeit auf bestimmte historische Informationen, stabilisieren oder verändern unsere Geschichtsbilder und können auch Vorurteile und Feindbilder mit prägen. Um diesen Bildern auf die Spur zukommen können Sie (in Gruppen oder im Kurs) folgende Themen erarbeiten:

A Geschichte in der Tourismus-Werbung: Untersuchen Sie, inwieweit sich Ihr Wohnort, Ihre Region oder die nächst größere Stadt zum Zwecke der Tourismus-Werbung der Geschichte bedient. Untersuchen Sie Prospekte (Fremdenverkehrsbüro), Plakate, die Wochenend- oder Freizeitbeilagen der Lokalzeitung usw. Sichern Sie Ihre Ergebnisse in Form einer schriftlichen Dokumentation.

B Jubiläen: In jedem Ort wurden und werden historische Jubiläen begangen. Untersuchen Sie, wie solche Feiern begründet werden (Kontroversen innerhalb der Einwohnerschaft?), wie sie organisiert werden, was auf welche Art herausgestellt wird, was nicht thematisiert wird, wer teilnimmt (Vereine, Schulen usw.). Präsentieren Sie Ihre Ergebnisse in Form einer Wandzeitung.

C Denkmäler: In Ihrem Ort oder in der nächstgelegenen Stadt soll ein Denkmal oder eine Gedenktafel errichtet (oder abgetragen) werden. Erstellen Sie eine Tondokumentation: Interviewen Sie Experten über die zu ehrenden Personen und/oder das Ereignis. Sprechen Sie mit Einwohnern über deren Einstellungen. Interviewen Sie Verantwortliche, z. B. aus Förderkreisen usw.

D Historische Straßennamen: Untersuchen Sie anhand eines Stadtplans und/oder einer Ortsbegehung, nach welchen historischen Personen und Ereignissen Straßen und Plätze Ihres Wohnortes benannt worden sind, und halten Sie diese fest. Da es Ihr Ziel sein sollte, ein vollständiges Bild zu erhalten, sollten Sie sich, falls Ihr Wohnort zu groß ist, auf einen Bezirk beschränken. Informieren Sie sich in einem zweiten Schritt über die Personen und Ereignisse. Schreiben Sie einen Bericht für die Lokal- oder Schülerzeitung, wie Geschichte in Ihrem Ort benutzt wird.

E Geschichte in der Werbung: Suchen und analysieren Sie Annoncen in Zeitungen und Zeitschriften (Illustrierte) und/oder großflächige Plakate und/oder Werbespots im Fernsehen mit Blick auf den Einsatz von Geschichte: d. h. der Verwendung von historischen Persönlichkeiten (z. B. Friedrich II.) oder Leitfiguren (z. B. Ritter, Mönche), der Aufnahme historischer Leitbegriffe (z. B. aristokratisch, royal, königlich), der Arbeit mit der Geschichte/Tradition einer Firma, der Reminiszenz an bestimmte Epochen (z. B. Antike, Mittelalter) usw. Erstellen Sie eine Bilddokumentation.

F Geschichte im Fernsehen: Untersuchen Sie für einen bestimmten Zeitraum die Fernsehprogramme (Programmzeitschriften) nach historischen Sendungen, d.h. historischen Dokumentarfilmen, historischen Interview-Sendungen, historischen Spielfilmen. Analysieren Sie das Angebot hinsichtlich der Auswahl der Themen, der Art der Angebote usw. Sehen Sie sich einige Sendungen an, bestimmen Sie Inhalte und Zielsetzungen der Sendungen und bewerten Sie diese. Präsentieren Sie ihre Ergebnisse in Form eines Referats; zeigen Sie, sofern Sie die Möglichkeit haben, exemplarische Ausschnitte aus den Sendungen auf Video.

2 Geschichte als Wissenschaft: Theorien in der Geschichtsdarstellung

„Muss das denn sein?"

Wenn im Geschichtsunterricht begrifflich komplexe und stark verallgemeinernde fachwissenschaftliche Texte gelesen werden sollen, stellen Schülerinnen und Schüler immer wieder die Frage: „Muss das denn sein?" Wenn sie schon etwas Geschichtliches lesen sollen, dann greifen sie viel lieber zur erzählenden Geschichte oder zum (erfundenen) historischen Roman (siehe Kap. 7, S. 56 ff.). Das Unbehagen im Umgang mit der *wissenschaftlichen Geschichtsschreibung*, d. h. einer in ihren Feststellungen objektiv belegbaren und nachprüfbaren Geschichtsschreibung, ist groß. Es wird um so größer, wenn die Darstellungen *theoretisch begründet* sind oder gar die *theoretischen Überlegungen* selbst nachvollzogen und diskutiert werden sollen: *rein gedankliche Aussagen* also, die den Anspruch erheben Ordnungskriterien und Erklärungsmodelle für Ereignisse, Sachverhalte und Veränderungen in der Zeit bereitzustellen.

Beispiel-Modelle: „Klassenkampf", „Totalitarismus", „lange Dauer"

Ein bekanntes Ordnungs- und Erklärungsmodell verbindet sich z. B. mit den Begriffen der „Klasse" bzw. der „Klassenbildung" und des „Klassenkampfes" von Karl Marx (1818–1883). Mit diesen Begriffen beschrieb und erklärte Marx die Entwicklung der Industriegesellschaft im 19. Jahrhundert und leitete daraus sogar ein Modell über den bisherigen und weiteren Verlauf der Geschichte ab, das die Entwicklung zum Sozialismus/Kommunismus als wissenschaftlich begründet und damit quasi „naturnotwendig" betrachtete. Gleichwohl urteilt der Historiker Hans-Ulrich Wehler noch 1973 über sie: „Als Forschungs- und Erklärungsstrategie, die Produktivkräfte und Produktionsverhältnisse, Gesellschaft und Wirtschaft, Herrschaft und Ideologie in ihrer wechselseitigen Verschränkung zu erfassen sucht, ist die Marxsche Theorie bisher schwerlich übertroffen worden." (M 1).

Ein anderes Modell stellt die Totalitarismustheorie dar, die vergleichend diktatorische Herrschafts*systeme* beschreibt und zu erklären versucht (z. B. von Bolschewismus und Nationalsozialismus). Wieder ein anderes sieht in den festen, sich nur langsam verändernden Strukturen der gesellschaftlichen Beziehungen oder der mentalen Einstellungen der Menschen das entscheidende Kennzeichen der Geschichte und sucht es mit dem Begriff der „langen Dauer" (frz. = longue durée) zu fassen (M 3).

M 1 Roland Beier, „Tut mir leid Jungs! War halt nur so 'ne Idee von mir …", Karikatur, 1990

Erklären und Beurteilen

Bedingt durch Komplexität und hohen Verallgemeinerungsgrad ist die Sprache geschichtstheoretischer Texte meist abstrakt; denn die Autorinnen und Autoren schauen dann weniger auf individuelle Handlungen als vielmehr auf generelle Strukturen (z. B. die Klassengesellschaft), weniger auf individuelle Erfahrungen und Erlebnisse als auf allgemeine, große Prozesse (z. B. die Modernisierung; M 4). Aber darin liegt zugleich der Vorteil von theoretisch begründeten fachwissenschaftlichen Darstellungen im Gegensatz zu der erzählenden Geschichtsschreibung: Eine *Geschichtserzählung* muss der Leser oder die Leserin in der Auswahl der Fakten und in der Art ihrer Anordnung so hinnehmen, wie sie ihm bzw. ihr geboten werden. Sie geben die Geschichte so wieder, wie sie scheinbar gewesen ist. Eine kritische Distanz wird dadurch erschwert. Weil eine nachvollziehbare Theorie und die daraus abgeleiteten Kriterien die verwirrende Vielfalt der Geschichte ordnen, hat die *theoretisch begründete Geschichtsdarstellung* zwei entscheidende Vorzüge:
– *Erstens* hilft sie eine solche rekonstruierte Vergangenheit in ihren jeweiligen Ereignissen, Zuständen und Veränderungen zu *erklären*.
– *Zweitens* bietet sie die Möglichkeit diese Vergangenheit kritisch zu *beurteilen*.

Theoretische Überlegungen bilden also eine wesentliche Grundlage moderner historischer Wissenschaft und sind im Umgang mit ihren Erkenntnissen insofern ein „Muss". Schon wie die Historiker und Historikerinnen bei der historischen Analyse die Geschichte üblicherweise in verschiedene Bereiche, so genannte *Dimensionen historischer Erfahrung* einteilen (Politik, Wirtschaft usw.), ist von theoretischen Erwägungen bestimmt. Auch zeitliche Ordnungsschemata, so genannte *Periodisierungen*, unterliegen oftmals theoretischen Überlegungen.

Theoretische Ansätze und Dimensionen historischer Erfahrung

Die Summe der Lebenswirklichkeiten vergangener Zeiten ist unendlich und nimmt täglich, ja stündlich zu. So ist die gerade beendete Unterrichtsstunde oder Studienfahrt bereits Geschichte. Im historischen Erkenntnisprozess jedoch lässt sich die Fülle der ineinander verflochtenen Lebenswirklichkeiten in ihrem Zusammenhang nicht unmittelbar erfassen. Um aber möglichst alle Bereiche menschlicher Lebenswirklichkeiten in den Blick zu bekommen und deren Wechselwirkungen zu erkennen unterscheiden Historiker verschiedene „Dimensionen der Erfahrung". Über sie vollzieht sich auch unsere gedankliche Wahrnehmung und Verarbeitung von Geschichte. Letztlich kann man nur drei, maximal vier *Kernbereiche* unterscheiden: *Wirtschaft* als materielle Basis der Menschen; *Herrschaft* als Ausdruck der Machtverhältnisse und politischen Beziehungen zwischen ihnen; *Gesellschaft* als Ausdruck aller sozialen und geistigen Beziehungen zwischen den Menschen, evtl. noch die *Kultur* als gesonderten Bereich der geistigen Beziehungen. Dabei sind allerdings drei wichtige Einschränkungen zu machen:

1. Solange es Geschichtsunterricht und moderne Geschichtswissenschaft gibt, also seit rund zweihundert Jahren, wurden nicht immer alle Dimensionen gleichrangig in den Blick genommen. Denn es hängt vom jeweiligen Standpunkt des Forschenden ab, ob eine Dimension als wichtigste betrachtet wird oder ob alle gleichwertig nebeneinander stehen.

2. Die Zahl der Dimensionen liegt, wie oben angedeutet, nicht absolut fest. Um besondere Probleme oder neue Perspektiven sichtbar zu machen werden von den Wissenschaftlern entsprechende Dimensionen herausgearbeitet, so die der recht „jungen" *Umweltgeschichte* und die der *Geschlechtergeschichte* (M 9 und 10).

3. Schließlich lassen sich die Dimensionen nicht völlig voneinander trennen, sondern überschneiden sich in vielen Punkten. Fragen der „sozialen Ungleichheit" z. B. lassen sich ohne Einbeziehung wirtschaftlicher Konjunkturbewegungen oder Strukturen der Arbeitsteilung nicht verstehen und erklären. Im Geschichtsunterricht stehen zur Zeit folgende sechs Dimensionen im Mittelpunkt historischen Denkens und Arbeitens:

Politikgeschichte: Sie richtet sich auf Formen und Wandlungen von organisierter Herrschaft in den Völkern und die internationalen Beziehungen zwischen ihnen. Sie blickt dabei besonders auf die Ursachen, Motive und Ziele menschlichen politischen Handelns. Sie ist der älteste Erfahrungsbereich (M 5), der im Geschichtsunterricht immer noch zentral behandelt wird.

Wirtschaftsgeschichte: Arbeit war schon immer eine Grundkonstante menschlichen Lebens. Aber erst seit den 1920er Jahren untersuchen vor allem französische Geschichtswissenschaftler verstärkt die Entstehung und den Wandel von Arbeitsformen und Produkten menschlicher Arbeit. In den 1950er/60er Jahren kamen weitere Anstöße von einer vertieften Diskussion über das Verhältnis von Ökonomie und Geschichte. Einer vor allem in den USA entstandenen Wirtschaftsgeschichte, die ökonomische Entwicklung allein aus quantitativen, statistischen Messverfahren zu beschreiben und zu erklären versuchte, stellten europäische Geschichtswissenschaftler allerdings eine andere Forderung gegenüber: Wirtschaft sei ihrer Meinung nach nur im Zusammenhang mit menschlichen Beziehungen zu betrachten, also unter Aspekten wie Arbeits*teilung* und Arbeits*verhältnisse*, Produktiv*kräfte* und Produktions*verhältnisse*. Sie leiteten damit über zur Sozialgeschichte.

Sozialgeschichte: Der Begriff Sozialgeschichte hat zwei Bedeutungen: *Im engeren Sinne* meint er die Geschichte der zwischenmenschlichen Beziehungen. Untersucht werden insbesondere die Geschichte von Gruppenbildungen, Klassenstrukturen oder familiären Beziehungen, die Entwicklung von sozialer Ungleichheit oder sozialer Sicherheit, von Migration und Mobilität, von Protesten und Konflikten, von Konsum, Lebensstandards und ähnlichen Themen. Durch diese vorrangig untersuchten Phänomene grenzt sich die Sozialgeschichte von den Dimensionen Politik, Wirtschaft und Kultur ab. Sie wurde seit den 1960er Jahren intensiv erforscht (M 6, M 8).

Im weiteren Sinne bezeichnet Sozialgeschichte einen umfassenden Zugriff auf die allgemeine Geschichte und bezieht Politik, Wirtschaft, Kultur und Soziales mit ein (in Westdeutschland wurde für diese Variante auch der Begriff „Gesellschaftsgeschichte" geprägt).

Kulturgeschichte: Im engeren Sinne ist damit der geistige Bereich der menschlichen Weltbilder und Selbstdeutungen, der Kunst usw. gemeint. Im weiteren Sinne bezieht die kulturgeschichtliche Dimension auch die alltäglichen Erfahrungen, Wahrnehmungen und Lebensweisen von Menschen mit ein („Alltagsgeschichte"; M 6) und weist von dieser Warte aus auf die Dimensionen Politik, Wirtschaft und Soziales zurück. In diesem zuletzt genannten Sinn wird der Kulturgeschichte von manchen Historikern seit einigen Jahren eine umfassendere Erklärungskraft zugeschrieben als der Sozialgeschichte.

Umweltgeschichte: Da Schutz und Erhaltung der Umwelt erst in der Gegenwart zu bewussten Zielen menschlichen Handelns wurden, wird diese Dimension erst seit den 1980er Jahren historisch als eine eigenständige behandelt. Zwar wurden früher vereinzelt Klimaveränderungen, Hungersnöte, Rodungen usw. untersucht, aber die moderne Umweltgeschichte greift weiter und erforscht generelle Zusammenhänge von Umwelt und menschlichen Handlungen (M 9). Die Umweltgeschichte ist sehr eng mit der Wirtschaftsgeschichte verbunden.

Geschlechtergeschichte: Diese Dimension kann man, wie oben schon erwähnt, wohl am schwierigsten als Teildimension betrachten. Denn unter welchen unterschiedlichen Bedingungen Frauen und Männer leben, welche Ziele sie verfolgen, welche Erfahrungen sie sammeln usw. sind Fragen, die Politik, Wirtschaft, Soziales und Kultur gleichermaßen berühren (M 7). Nur von der Umweltgeschichte lässt sie sich noch am ehesten deutlich abgrenzen.

Die Geschichte der Geschlechterbeziehungen hat sich aus einer speziellen Teildisziplin, der so genannten Frauengeschichte, entwickelt. Diese wollte seit den 1970er Jahren die Existenz und die bis dahin unberücksichtigten Anteile von Frauen in der Geschichte *sichtbar machen*. Historikerinnen und Soziologinnen aus den USA betonten allerdings, dass nicht eine isolierte Frauengeschichte, sondern nur eine Betrachtung der Beziehungen von Frauen *und* Männern im Wandel der Zeit die jeweiligen Anteile von Frauen und Männern in der Geschichte hinreichend *erklären* kann (M 10). Darin zeigt sich auch, dass die soziale Dimension in der Geschlechtergeschichte einen gewissen Vorrang hat.

Zeitliche Eingrenzungen:

Historiker stehen vor einer unendlichen Menge von Quellen und Themen und müssen auch zeitliche Eingrenzungen setzen. Die noch immer gängigste Ordnung ist die folgende, die aus dem *Verlauf der geschichtlichen Erfahrung* der Europäer entstanden ist:

Antike: ca. 1100 v.Chr. bis ca. 500 n. Chr.
Mittelalter: ca. 500–1500
Frühe Neuzeit: ca. 16. bis 18.Jh ⎫
Moderne: 19. bis 20. Jh. ⎬ Neuzeit

Andere Periodisierungen beruhen auf *geschichtlichen Gesamtbetrachtungen* und damit verbundenen theoretischen Überlegungen. Es gibt z. B. eine sehr bekannte industriegeschichtliche Periodisierung, die sich an fundamentalen Veränderungen in der Technik, den Arbeitsweisen und der Energienutzung festmacht und *zwei „Revolutionen"* unterscheidet:
– *die Neolithische (jungsteinzeitliche) Revolution* um ca. 10 000 v. Chr.; sie bezeichnet den Übergang von nomadisierenden Jägern und Sammlern zu sesshaften Bauern unter Ausnutzung menschlicher und tierischer Energie/Arbeitskraft;

M 2a Hermann Degkwitz, Der Fortschritt, 1978, Lithografie

M 2b Louis Schmid (1816–1906), Allgemeine Elektrizitäts-Gesellschaft Berlin, 1888, Plakat

– *die Industrielle Revolution* zwischen 1750 und 1850 n. Chr.; sie bezeichnet den Übergang von Bauern zu Maschinenanwendern unter Ausnutzung lebloser Energie.

Solche Periodisierungen sind umstritten. Entwicklungen der Moderne beispielsweise haben ihre Wurzeln teils im 18. Jahrhundert (z. B. Aufklärung, Erfindung der Dampfmaschine), teils sogar im Mittelalter (z. B. Stadtentwicklung, Herausbildung großer Handelsgesellschaften). Dörfliche Lebensformen des Mittelalters wiederum sind bis weit in das 19. Jahrhundert hinein zu finden. Schaut man aus geschlechterhistorischer Perspektive auf die Entwicklung der Demokratie und des Wahlrechts, beginnt die „Demokratisierung" nicht schon mit der Französischen Revolution, sondern vielfach erst nach dem Ersten Weltkrieg, als in zahlreichen Ländern das Frauenwahlrecht eingeführt wurde. Und nicht zuletzt spiegeln diese Periodisierungen die Sichtweisen der westlichen Industrieländer wieder, wie auch das oben erwähnte wirtschaftshistorische Modell der zwei Revolutionen. Menschen aus Afrika, Asien oder Südamerika haben ganz andere Zeit- und Epochenvorstellungen.

Perspektivität und erkenntnisleitende Interessen

Jeder Mensch schaut aus einem ganz bestimmten Blickwinkel auf die Geschichte, denn jeder hat andere Lebenserfahrungen gemacht, verfügt über ganz bestimmte Kenntnisse und besitzt seine eigenen Zukunftsvorstellungen. Historische Sichtweisen ändern sich auch durch politische oder soziale Umwälzungen, z. B. durch den Fall der Mauer in Deutschland und das Ende der Sowjetunion 1989/91 (M 8). Schülerinnen und Schüler schreiben die Geschichte ihrer eigenen Schule sicherlich anders als die Eltern oder auch die Lehrerinnen und Lehrer.

Dies gilt auch für Historikerinnen und Historiker in der wissenschaftlichen Forschung. Denn auch sie sind trotz ihrer Arbeitsweise, die besonders strengen Anforderungen *objektiver* Nachprüfbarkeit unterliegt, in ganz persönliche lebensweltliche Bezüge eingebunden. Weil man diese *subjektiven* Faktoren nie wird ausschalten können, besteht der Anspruch, dass eine Autorin oder ein Autor den Leserinnen und Lesern diese so genannten *erkenntnisleitenden Interessen* offen legt. Solche erkenntnisleitenden Interessen können z. B. der Glaube an Fortschritt (M 2), die Befürwortung einer bestimmten politischen Herrschaftsform oder die Forderung nach Gleichberechtigung und Gleichstellung der Frauen sein (M 7).

Fragen zum Umgang mit geschichtstheoretischen Texten

Da geschichtstheorethische Schriften zur geschichtlichen Sekundärliteratur gehören, gelten zu ihrer Aufschlüsselung auch die in Kap. 3, S.30, aufgeführten Fragen. Die Beantwortung folgender weiterer Fragen dient zur Erhellung der spezifisch theoretischen Elemente:

1 Biografischer Hintergrund des Verfassers/der Verfasserin?
2 Welche erkenntnisleitenden Interessen legt er/sie offen?
3 In welche Entstehungszeit fällt das Modell/die Theorie?
4 Welche räumliche, zeitliche und sachliche Reichweite und Grenzen werden für das Modell/die Theorie genannt?
5 Welche Dimensionen der Geschichte werden berücksichtigt? Welche nicht?
6 Welche Periodisierung legt das Modell/die Theorie zugrunde?
7 Wird eine Theorie, die im Zusammenhang mit einem ganz bestimmten Thema entwickelt worden ist, auf andere Zeiten, Räume oder Sachverhalte übertragen?
8 Welchem geschichtstheoretischen Ansatz steht der vorliegende nahe?
9 Inwieweit überzeugt Sie die Theorie/das Modell unter Berücksichtigung Ihres Wissens, Ihrer Erfahrungen oder Ihrer erkenntnisleitenden Grundeinstellungen?

M 3 Strukturen und „longue durée"

Fernand Braudel (1902–1985), französischer Historiker, wandte sich 1958 gegen die herkömmliche Geschichtsschreibung des kurzen Zeitablaufs bzw. Ereignisses („courte durée") sowie gegen jene ökonomische und soziale Geschichtsschreibung, die zyklische Verläufe betont. Dem stellte er sein Konzept der „longue durée" gegenüber:

Der [...] viel brauchbarere [Begriff] ist der Begriff der Struktur. Ob er schlecht oder gut ist, er dominiert die Probleme der langen Zeitabläufe. Unter Struktur verstehen die Beobachter des Sozialen ein Ordnungsgefüge, einen Zusammenhang, hinreichend feste Beziehungen zwischen Realität und sozialen Kollektivkräften. Für uns Historiker ist eine Struktur zweifellos ein Zusammenspiel, ein Gefüge, aber mehr noch eine Realität, die von der Zeit wenig abgenutzt und fortbewegt wird. Einige langlebige Strukturen werden zu stabilen Elementen einer unendlichen Kette von Generationen: Sie blockieren die Geschichte, indem sie sie einengen, also den Ablauf bestimmen. Andere zerfallen wesentlich schneller. Aber alle sind gleichzeitig Stützen und Hindernisse. [...]

Das verständlichste Beispiel scheint noch das der geografischen Zwangsläufigkeit zu sein. Der Mensch ist seit je total abhängig vom Klima, von der Vegetation, vom Tierbestand, von der Kultur, von einem langsam hergestellten Gleichgewicht, dem er sich nicht entziehen kann ohne alles in Frage zu stellen. [...]

Schwierig ist es, wie nur an einem Paradox deutlich wird, die langen Zeitabläufe in dem Bereich aufzudecken, in dem die historische Forschung ihre unleugbarsten Erfolge erzielt hat: im ökonomischen Bereich. Zyklen, Zwischenzyklen, strukturelle Krisen verbergen hier die Regelmäßigkeit, die Beständigkeit der Systeme; einige haben von einer ökonomischen Zivilisation gesprochen – das heißt von alten Gewohnheiten des Denkens und Handelns, von einem widerstandsfähigen Rahmen, der von tödlicher Härte sein kann und sich manchmal gegen jede Logik erhält. [...]

[Die lange Zeitdauer] anzuerkennen bedeutet für den Historiker sich in eine Änderung des Stils, der Haltung, in eine Umwälzung des Denkens und eine neue Auffassung des Sozialen zu schicken, d. h. sich mit einer verlangsamten Zeit, die manchmal fast an der Grenze von Bewegung überhaupt steht, vertraut zu machen. Auf dieser Stufe, nicht auf einer anderen [...], ist es zulässig, sich frei zu machen von der Zeit, die Geschichte erfordert, sie zu verlassen und wieder zu ihr zurückzukehren, aber mit anderen Augen, mit anderen Besorgnissen, mit anderen Fragen. Jedenfalls mit Bezug auf diese Schichten langsam verlaufender Geschichte kann man die gesamte Geschichte wie von einer Infrastruktur aus überdenken. Alle Stufen der Geschichte, alle ihre tausend Stufen, alle diese tausend Lichtblitze historischer Zeit lassen sich aus dieser Tiefe, aus dieser halben Unbeweglichkeit verstehen, alles kreist um sie.

Fernand Braudel, Geschichte und Sozialwissenschaften – Die „longue durée", in: Hans-Ulrich Wehler (Hg.), Geschichte und Soziologie, Köln (Kiepenheuer & Witsch) 1972, S. 191–197.

1 Erläutern Sie Fernand Braudels Begriff der „longue durée" (M 3) und suchen Sie weitere Beispiele.
2 Wägen Sie die Vor- und Nachteile des Braudelschen Ansatzes ab.

M 4 Modernisierung

Der Soziologe Wolfgang Zapf (geb. 1931) zu Ansätzen der Modernisierungstheorie (1968):
Auch die generellen Erörterungen des gesamtgesellschaftlichen Wandels orientieren sich am Problem der Modernisierung, aber es ist sinnvoll zwei große Gruppen von Forschungsansätzen und Untersuchungen zu unterscheiden. Die erste Gruppe bewegt sich im Rahmen der [...] systemtheoretischen[1] Überlegungen. Modernisierung wird als die kumulative[2] Erhöhung von „Kapazitäten" begriffen: Steigerung der gesamtgesellschaftlichen Anpassungskapazität, der gesamtgesellschaftlichen Selbststeuerungsfähigkeit, der Eigenständigkeit und Autonomie. Parsons[3] versteht die Entwicklung der sozialen Schichtung, der Legitimation territorialer Grenzen und Identitäten, der Bürokratie,

der Geld- und Marktorganisation, des universalistischen Rechts und der demokratischen Assoziationen als „evolutionäre Universalien", als Komplexe von Strukturen und Prozessen, die jede Gesellschaft neu „erfinden" oder von außen importieren muss, wenn sie eine höhere Stufe der Anpassungskapazität erreichen will. Jede solche Innovation schafft die notwendigen Voraussetzungen für Innovationen der nächsten Stufe. [...]

Die zweite Gruppe – Modernisierungsstudien im engeren Sinn – verwendet keine globalen Kapazitätsbegriffe, sondern eher katalogartige Aufzählungen von Eigenschaften oder Dimensionen traditionaler, transitionaler[4] und moderner Gesellschaftstypen beziehungsweise Systeme. [...]

„Eine moderne Gesellschaft ist unter anderem gekennzeichnet durch einen vergleichsweise hohen Urbanisierungsgrad, Abbau des Analphabetismus, vergleichsweise hohes Pro-Kopf-Einkommen, ausgedehnte geografische und soziale Mobilität, einen relativ hohen Grad der Kommerzialisierung und Industrialisierung der Wirtschaft, ein ausgedehntes und wirksames Netz von Massenmedien und, ganz allgemein, die hohe Frequenz der Teilnahme und das Engagement der Gesellschaftsmitglieder an den modernen sozialen und wirtschaftlichen Prozessen [...]. Das allgemeinste Merkmal eines modernen politischen Systems ist der relativ hohe Grad von Differenzierung [...] und funktionaler Trennung der politischen Strukturen, von denen jede für das politische System als ganzes eine regulative Rolle in den entsprechenden politischen und autoritativen[5] Funktionen ausübt" (Coleman[6]).

Die Theorien des Wirtschaftswachstums, der Industrialisierung, der Staaten- und Nationenbildung, der sozialen und psychischen Mobilisierung versuchen Faktoren, Formen und Dimensionen der Entwicklung solcher Merkmale sowie Zusammenhänge einzelner Entwicklungsstränge zu erklären.

Wolfgang Zapf, Einleitung, in: ders. (Hg.), Theorien des sozialen Wandels (1968), Königstein/Ts. (Kiepenheuer & Witsch) 1979, S. 22 f.

1 Die Systemtheorie beschäftigt sich mit dem Zusammenwirken der durch ihre Einzelfunktionen beschriebenen Elemente eines Systems und mit den Beziehungen zwischen Systemen. Ein System kann z. B. eine technische Einrichtung sein, aber auch ein sozialer Verband. Grundlegend ist der Gedanke, dass Veränderungen an einer Stelle des Systems notwendig Wandlungen an anderer Stelle nach sich ziehen.
2 anhäufend
3 Talcott Parsons (1902–1979), amerikanischer Soziologe
4 im Übergang befindlich
5 maßgebend, entscheidend
6 James C. Coleman (geb. 1914), amerikanischer Soziologe

1 Geben Sie die beiden modernisierungstheoretischen Ansätze wieder, die Zapf in M 4 beschreibt.
2 Erläutern Sie die „Modernisierungstheorien im engeren Sinne", wie Zapf sie beschreibt (M 4) und das Konzept der Gesellschaftsgeschichte (siehe S. 18) und erarbeiten Sie Gemeinsamkeiten und Unterschiede.
3 Der Historiker Thomas Nipperdey kritisiert an dem Konzept der Modernisierung unter anderem, dass es in einer „Fülle von Dichotomien (prämodern – modern)" ende, „während die historische Wirklichkeit aus Übergängen und Mischungen" bestehe. Nehmen Sie aus der Sicht der Modernisierungstheorie Stellung zu dieser Kritik.

M 5 Politikgeschichte

Der Historiker Andreas Hillgruber (1925–1989) zur politischen Geschichte (1979):
Im Mittelpunkt einer sich als Teildisziplin der Geschichte unter spezieller Perspektive verstehenden „politischen Geschichte", die sich modernen Fragestellungen öffnet, steht die Geschichte der praktizierten Politik, und zwar eine auf die Staaten und ihre Beziehungen untereinander gerichtete Forschung. [...] Politische Geschichte kann Innen- wie Außenpolitik umfassen. „Politisch" ist sie deshalb, weil sie das Moment der Entscheidungen gegenüber dem Prozesscharakter der Geschichte betont. Dabei kommt der internationalen Politik im Rahmen des Großmacht- und Weltmachtsystems, wie es sich in der europäischen Neuzeit herausgebildet hat, auch und gerade heute besondere Beachtung zu. Denn: Trotz aller Bedeutung

langfristiger ökonomischer Entwicklungen, trotz allen davon ausgehenden oder sie begleitenden strukturellen Veränderungen und trotz allen ideologischen Frontenbildungen quer durch die Staatenwelt, die eine darauf gerichtete Wirtschafts- und Sozialgeschichte zu einer unabdingbaren, aber nicht der einzigen oder gar der alles beherrschenden Aufgabe der Geschichtswissenschaft machen, bestimmen auch im 19. und 20. Jahrhundert die Gegensätze zwischen den Groß- und Weltmächten wesentlich den Verlauf der allgemeinen Geschichte.

Andreas Hillgruber, Politische Geschichte in moderner Sicht, in: Historische Zeitschrift, Bd. 216, 1973, S. 532 f.

1 Erarbeiten Sie aus M 5 Hillgrubers Begründung für die Politikgeschichte.
2 Überprüfen Sie, ob man Hillgrubers Gegenübersetzung von Entscheidung und Prozesscharakter auch auf andere Teilbereiche der Geschichtswissenschaft (z. B. Wirtschaft) sinnvoll anwenden kann.

M 6 Alltagsgeschichte

Die Historiker Hannes Heer (geb. 1943) und Volker Ullrich (geb. 1943) gaben 1985 in sechs Punkten eine vorläufige Charakterisierung der „neuen Geschichtsbewegung" in der Bundesrepublik:

1. Die neue Geschichtsbewegung bestreitet die Neutralität von Geschichte. Sie betreibt Geschichtsarbeit nicht aus der Sicht der herrschenden Klassen, sondern vom Standpunkt der Abhängigen und Unterdrückten aus.
2. Sie beschäftigt sich also nicht mit den Siegern, sondern mit den Opfern. Deren Geschichte wird vornehmlich an Hand des Alltags und überschaubarer Bereiche rekonstruiert.
3. Dabei gilt das Monopol der schriftlichen Quellen nicht mehr länger. Neue Quellen – wie zum Beispiel die mündlich tradierte Geschichte – werden erschlossen und mit vorhandenen kombiniert.
4. Die Subjektivität von Geschichtsarbeit wird nicht versteckt oder verschleiert. Sie wird angenommen als Begrenztheit „Geschichte wie sie wirklich war" erforschen und darstellen zu können.
5. Die Beschäftigung mit Geschichte wird nicht mehr länger der Fachwissenschaft überlassen, sondern als gemeinsamer Arbeits- und Lernprozess von vielen – Historikern und Laien, Betroffenen und Interessierten – praktiziert. Dabei erfährt der Begriff Kompetenz eine neue und erweiterte Definition.
6. Die neue Geschichtsbewegung versteht sich als Teil des politischen und kulturellen Lebens der Gegenwart. Gegen das Vergessen und Verdrängen setzt sie eine aktive Erinnerungsarbeit, die an einer Veränderung der bestehenden Verhältnisse interessiert ist.

Hannes Heer/Volker Ullrich, Die „neue Geschichtsbewegung" in der Bundesrepublik. Antriebskräfte, Selbstverständnis, Perspektiven, in: dies. (Hg), Geschichte entdecken. Erfahrungen und Projekte der neuen Geschichtsbewegung, Reinbek (Rowohlt) 1985, S. 20 f.

1 Erörtern Sie Möglichkeiten und Gefahren der „neuen Geschichtsbewegung" nach M 6.
2 Informieren Sie sich über Geschichtsprojekte (z. B. Geschichtswerkstätten, Ausstellungsprojekte) in Ihrer Stadt bzw. Region, die Sie der „neuen Geschichtsbewegung" zuordnen könnten. Begründen Sie Ihre Auswahl.

M 7 Erkenntnisleitende Interessen

Die Historikerin Ute Frevert (geb. 1954) schrieb 1986 in der Einleitung ihres Buches zur „Frauen-Geschichte" über ihre erkenntnisleitenden Interessen:

Spätestens seit Max Weber[1] wissen wir, wie wichtig es ist, die eigenen Erkenntnisinteressen und Bewertungsmaßstäbe sich selber und den Lesern gegenüber offen zu legen um damit zugleich die Auswahlkriterien und Werturteile, die in die wissenschaftliche Analyse einfließen, transparent, überprüfbar und kritikfähig zu machen. Ich gehe im Folgenden von der Annahme aus, dass die rechtlich und materiell gleiche Teilhabe von Männern und Frauen am gesellschaftlichen Leben, an Macht und Entscheidungsbefugnissen im ökonomischen, sozialen, kulturellen und politischen System ein erstrebenswertes Ziel darstellt. Das erfordert einen gleichberechtigten Zugang zu Handlungsressourcen und die Aufhebung einer geschlechtsspezifischen Zuschreibung von Aktionsräumen. [...]

Fast alle uns bekannten Gesellschaften und Kulturen einschließlich der unsrigen verteilen Macht, Einfluss, politische Rechte und wirtschaftliche Gewinnchancen nicht zu gleichen Teilen auf Frauen und Männer, sondern lassen Männer „Herr"schaft über Frauen ausüben. [...]

Auch 1986 ist die „Frauenfrage" noch immer nicht gelöst und politisch vielleicht aktueller als je zuvor. Zwar hat sich die Situation von Frauen in den letzten 200 Jahren deutlich gewandelt. Ihre rechtliche Stellung, ihre Bildungs- und Berufschancen und ihre Beteiligung am politischen und öffentlichen Leben haben sich offensichtlich verbessert und vor allem in den letzten Jahrzehnten hat sich der Handlungs- und Entscheidungsspielraum vieler Frauen erheblich vergrößert. Dennoch ist nicht zu verkennen, dass von einer alltagsmächtigen Nivellierung der Geschlechterhierarchie keine Rede sein kann, denn nach wie vor bestehen männliche Geschlechtsprivilegien auf fast allen Gebieten des gesellschaftlichen Lebens fort, wenn auch oft in gewandelter Form.

Diesem Defizit an Gleichheit, seinen Ursachen, Zusammenhängen und Erscheinungsformen will ich in dem vorliegenden Band nachgehen. [...]

Der Band ist chronologisch gegliedert: Fünf Kapitel führen vom Ausgang des 18. Jahrhunderts bis in die unmittelbare Gegenwart. [...] Die Abfassung des fünften Kapitels bereitete die größten Schwierigkeiten, da ich hier immer häufiger nicht als Historikerin, sondern als Zeitzeugin und „Betroffene" auswählen, analysieren und abwägen musste. Den Aufbruch der neuen Frauenbewegung aktiv miterlebt zu haben, von ihren Zielen und Wertvorstellungen persönlich geprägt worden zu sein und trotzdem wissenschaftliche Distanz und historische Urteilskraft bewahren zu müssen war alles andere als einfach.

Ute Frevert, Frauen-Geschichte. Zwischen Bürgerlicher Verbesserung und Neuer Weiblichkeit, Frankfurt/M. (Suhrkamp) 1986, S. 10–14.

1 Max Weber (1864–1920), deutscher Soziologe und Volkswirtschaftler

1 Erläutern Sie anhand von M 7 den Begriff der „erkenntnisleitenden Interessen".
2 Diskutieren Sie die Frage, ob die Geschlechterzugehörigkeit Auswirkungen auf die Geschichtsforschung hat (siehe auch M 10).
3 Wählen Sie aus einem Ihrer Geschichtsbücher den Einleitungstext eines Kapitels aus und untersuchen Sie, ob dort die erkenntnisleitenden Interessen der Autorinnen oder Autoren zum Ausdruck kommen.

M 8 Politische Sozialgeschichte

Der Historiker Jürgen Kocka (geb. 1941) 1993 in einem Aufsatz über mögliche Perspektiven in der Geschichtsforschung nach den politischen Umbrüchen 1989 bis 1991:

Die Erfahrung der letzten Jahre ist sicherlich verschieden deutbar. Aber unübersehbar, sehr erlebbar, nicht mehr verdrängbar ist seit 1989 die ausgeprägte Bedingtheit, ja Abhängigkeit der sozialen Verhältnisse, des Alltagslebens, der Lebenswelt und Kultur von der Politik, und zwar von der Politik in ihren großen, Nationen übergreifenden Zusammenhängen. Der Zusammenbruch des Sowjetreiches und des Kommunismus, die staatliche Vereinigungskrise, die teils schon blutigen Konflikte in Osteuropa und die Renaissance von Nationalismus und rechtsradikaler Gewalt hier bei uns, das sind *politische* Vorgänge, die sicherlich vielfältig durch soziale, kulturelle, ökonomische Faktoren bedingt sind, die aber – und darauf kommt es mir an – unsere soziale Struktur, Kultur und Weltsicht einschneidend beeinflussen. Die Macht der großen politischen Zusammenhänge ist gegenwärtig massiv erfahrbar, und zwar als Besorgnis erregende Krise.

Nimmt man das ernst, dann folgt daraus *zum einen*, dass Sozialgeschichte „with politics left out" zukünftig noch weniger überzeugend sein dürfte als bisher. *Zum anderen* dürfte der Bedarf an Zusammenhangserkenntnis, d. h. an Erkenntnis der großen Strukturen und Prozesse, noch dringender, die Beschränkung auf bloße Mikrohistorie ohne allgemeine Fragestellungen – auf mikrohistorisches Klein-Klein – zukünftig noch unbefriedigender sein. [...]

Es könnte also sein, dass *politische Sozialgeschichte* mit aufklärerischem Engagement und Interesse an großen Zusammenhängen neu an Boden gewinnt: gleichsam eine post-postmoderne Wendung. Die Sozialgeschichte des Nationalismus, die sozialgeschichtliche Analyse des Aufstiegs und des Niedergangs von Staaten, die Sozialgeschichte des Rechts, der Macht, auch der Demokratiegefährdung – das wären Themen in dieser Perspektive. [...]

Man erlebt derzeit mit Überraschung, wie alte nationale Identitäten und Grenzen, regionale Traditionen und geopolitische Konstellationen, alte Bindungen und Leidenschaften, auch alte Vorurteile und Ressentiments vor allem im mittleren und östlichen Europa wieder hervortreten und politikmächtig werden. Man staunt, wie wenig die Jahrzehnte des Kommunismus auf vielen Gebieten geändert haben und wie wenig sich an manchen Strukturen trotz aller utopisch-revolutionären Veränderungsenergien des 20. Jahrhunderts gewandelt hat. Der neue deutsche Rechtsradikalismus und seine halbherzige Ablehnung durch große Teile der Öffentlichkeit und der Politik nähren die Besorgnis, dass auch in der deutschen politischen Kultur mehr Kontinuität überlebt hat, als man als optimistischer Bundesbürger in den letzten Jahrzehnten glaubte. [...] Ironischerweise könnte es sein, dass der tiefe Umbruch von 1989 und seine teilweise restaurativen Folgen den Sinn für die Beharrungskraft der historischen Kontinuitäten stärken, die sich unterhalb der revolutionären Einschnitte des 20. Jahrhunderts erhalten haben und sich nur äußerst langsam verändern. Im Licht der jüngsten Erfahrungen gewinnt insofern nicht, wie manch einer 1989/90 meinte, die dramatische Ereignis- und die Erfahrungsgeschichte, sondern vielmehr die Struktur- und Prozessgeschichte an Gewicht und Plausibilität.

Jürgen Kocka, Sozialgeschichte der neunziger Jahre, in: Neue Gesellschaft/Frankfurter Hefte 12, 1993, S. 1125–1127.

1 Erläutern Sie Kockas Überlegungen zur „politischen Sozialgeschichte" (M 8; siehe auch M 3).
2 Vergleichen und diskutieren Sie die Positionen von Kocka in M 8 und von Hillgruber in M 5.

M 9 Umweltgeschichte

Der Historiker Joachim Radkau (geb. 1943) zur Umweltgeschichte (1994):

1990 schlug ich folgende Definition vor: „Historische Umweltforschung ordnet sich ein in die Erforschung der langfristigen Entwicklung der menschlichen Lebens- und Reproduktionsbedingungen. Sie untersucht, wie der Mensch diese Bedingungen selber beinflusste und auf Störungen reagierte. Dabei gilt ihre spezifische Aufmerksamkeit unbeabsichtigten Langzeitwirkungen menschlichen Handelns, bei denen synergetische Effekte und Kettenreaktionen mit Naturprozessen zum Tragen kommen." [...]

An der Geschichte [...] der Stadt Venedig ließe sich paradigmatisch vorführen, wie die historische Umweltforschung auf solider empirischer Basis in ältere Zeiten vordringt. Sehr schwierige Umweltbedingungen verbanden sich hier mit einer kolossalen Fähigkeit zur kulturellen Kontinuität und zur Zukunftsvorsorge. In der Umwelt- wie in der Medizinpolitik ging Venedig den meisten anderen Regionen voran und beide Politikbereiche waren eng miteinander verknüpft. An der Wasserbautechnik hing stets Venedigs Schicksal; und zwar musste die richtige Balance zwischen Versumpfung und Überflutung gewahrt bleiben. Die „Utopie der gesunden Stadt", die andernorts erst im 19. Jahrhundert auftaucht, bestimmte die venezianische Politik schon seit dem Mittelalter. Venedig führt vor Augen, wie die systematische Bewältigung schwieriger Umweltbedingungen ein kulturelles Wunderwerk hervorbringen kann. [...]

Vielleicht zeigt sich aber gerade hier, dass meine obige Definition in einem Punkt zu eng war. Reicht es aus, wenn sich der Umwelthistoriker der „langfristigen Entwicklung der menschlichen Lebens- und Reproduktionsbedingungen" widmet? [...] Vieles deutet darauf hin, dass die modernen Umweltprobleme, mögen manche ihrer historischen Wurzeln auch weit zurück reichen, in ihrer gegenwärtigen Dimension doch relativ jungen Datums sind. [...] Eine Probe aufs Exempel für die Tauglichkeit umwelthistorischer Konzepte besteht darin, ob sie der neuen Situation in den Jahrzehnten nach 1945 Rechnung tragen. [...]

Christian Pfister[1] hat vor einigen Jahren den Begriff des „1950er Syndroms" in Umlauf gebracht: die 50er Jahre mit beginnender Ölschwemme und Massenmotorisierung als Zeit, in der die Umweltbelastung durch Emissionen so steil in die Höhe ging, dass aus der Rückschau alles Vorausgegangene harmlos wirkt, und als die Landwirtschaft durch die Technisierung derart bis zur Unkenntlichkeit verändert wurde, dass selbst das Jahr 1950 aus heutiger Sicht schon zur „alten Zeit" gehört. [...] Vielleicht werden genauere Untersuchungen zumindest für die Bundesrepublik feststellen, dass der tiefste Bruch in den Alltagsgewohnheiten – der Übergang von der Sparsamkeits- zur Wegwerfgesellschaft – erst in den 60er Jahren erfolgte. [...] Die Umweltgeschichtsforschung hat bei diesem Prozess der Periodisierung gewiss mitzureden.

Joachim Radkau, Was ist Umweltgeschichte?, in: Werner Abelshauser (Hg.), Umweltgeschiche, Göttingen (Vandenhoeck & Ruprecht) 1994, S. 20 ff.

1 Christian Pfister (geb. 1944), Historiker an der Universität Bern

1 Erläutern Sie Radkaus Definition von Umweltgeschichte (M 9) an weiteren Beispielen (z. B. Industrialisierung).
2 Vergleichen Sie die Merkmale der historischen Periodisierung nach Gesichtspunkten der politischen Geschichte und der Umweltgeschichte.

M 10 „Frauen-" oder „Geschlechterforschung"?

Die Sozialwissenschaftlerin Sigrid Metz-Göckel (geb. 1940) zu Gegenstand und Begriff der Frauenforschung (1993):
Obwohl mit der Aufklärung und der Französischen Revolution die Würde des Menschen unabhängig von Rasse, Klasse und Religion als für alle Menschen gleichwertig anerkannt wurde, mussten Frauen um Rechte kämpfen, die den Männern in der bürgerlichen Gesellschaft längst zugestanden waren, auch wenn es in den Lebensverhältnissen der männlichen Bevölkerung ebenso krasse soziale Unterschiede gab. Die politische und soziale Geschichte der Frauen kann von daher nicht im Rahmen der allgemeinen Geschichte gesehen werden, sozusagen in ihr aufgehen [...]. Höhere Bildung, Wahlrecht, Abbau der Geschlechtsvormundschaft, Geschäftsfähigkeit, Versammlungsfreiheit, gleiche Entlohnung u. a. m. wurden Frauen erst nach mühevollen Kämpfen schrittweise zugestanden .[...]

Anliegen der Frauenforschung ist die Klärung der Zusammenhänge von Diskriminierung und Befreiungsmöglichkeiten. [...] Nach diesem Verständnis ist das Geschlecht eine soziale Strukturkategorie, die unterschiedliche soziale Chancen und Perspektiven für Männer und Frauen vermittelt. Dies hängt damit zusammen, dass jede Gesellschaft neben den Erfordernissen der materiellen Existenzsicherung und der politischen Regelung des Zusammenlebens auch die biologisch-sozialen Reproduktions-Erfordernisse wie „Aufzucht" der Kinder, Pflege der Verwandtschaftsverhältnisse, Namensgebung und Vererbung organisieren muss. Über dieses Regelungssystem wird grundsätzlich das Verhältnis der Geschlechter und insbesondere die Stellung der Frau bestimmt. [...]

Frauenforschung bezieht sich jedoch auf Männer als das „andere Geschlecht", von dem Frauen „definiert und abhängig gemacht werden". Sie wird in jüngster Zeit zur „Geschlechterforschung" insofern, als sie sich vergleichend, kritisch und analytisch auf Männer bezieht und das Geschlechtsverhältnis sowie die Geschlechterbeziehungen im Kontext der gesellschaftlich-historischen Rahmenbedingungen zum Gegenstand ihrer Untersuchungen macht.

Sigrid Metz-Göckel, Frauenforschung in Westdeutschland, in: Gisela Helwig/Hildegard Maria Nickel (Hg.), Frauen in Deutschland 1945–1992, Bonn (Bundeszentrale für politische Bildung) 1993, S. 409 f.

1 Erarbeiten Sie aus M 10 die Gegenstände und die Begründung einer wissenschaftlichen Frauenforschung.
2 Erläutern Sie die Begriffe „Frauenforschung" und „Geschlechterforschung". Welcher Begriff erscheint Ihnen angemessener (siehe auch M 7)?

Weiterführende Arbeitsanregungen

1 „Geschichtstheorie in Bildern":
a) Beschreiben Sie die Abbildungen in M 2 a und b und benennen Sie die Kernaussagen.
b) Ordnen Sie die Industrialisierung des 19. Jahrhunderts in die allgemeine geschichtliche Entwicklung bis heute unter den jeweiligen Grundpositionen der Bilder M 2 a und b ein.
c) Setzen Sie sich aus der Sicht von M 2 a und b mit der Modernisierungstheorie Zapfs (M 4) auseinander.
d) Erarbeiten Sie aus der Karikatur von Roland Beier in M 1 und den Ausführungen zu Karl Marx oben S. 16 die Bedeutung der Marxschen Lehre für wissenschaftliches Arbeiten heute. Unterscheiden Sie dabei die Ebenen von Gesellschafts- und Geschichtsanalyse, philosophischer Betrachtung und Zukunftsprognose.
e) Diskutieren Sie ausgehend von M 1, inwieweit die in diesem Kapitel aufgeführten Theorien „halt auch nur so 'ne Idee" waren oder sind.

2 Theoretische Ansätze in der Fachliteratur untersuchen:
Bereiten Sie eine Kurzpräsentation über ein historisches Fachbuch vor, das Sie Ihren Mitschülerinnen und Mitschülern vorstellen wollen; Sie können eines der unten aufgeführten Bücher wählen oder ein anderes Werk aussuchen, das zum momentanen Thema Ihres Kurses passt.
Eine Kurzpräsentation verlangt von Ihnen Folgendes: Informieren Sie über Thema, Epoche(n), historische Dimensionen und erkenntnisleitende Interessen des Werkes und ggf. auch darüber, welche der o. g. Fragen der Autor/die Autorin nicht berücksichtigt. Begründen Sie gegenüber Ihren Mitschülern und Mitschülerinnen, warum Sie eine vollständige Lektüre des Buches empfehlen oder nicht empfehlen würden.
Hinweise zur Beschaffung der Bücher: Sie können sie in der Schulbücherei, der Stadtbibliothek oder der Universitätsbibliothek ausleihen bzw. einsehen; einige Werke sind als preiswerte Taschenbuchausgaben im Buchhandel erhältlich; oder Sie bitten Ihren Lehrer bzw. Ihre Lehrerin um Hilfe.

Literaturvorschläge:
Borst, Otto, *Alltagsleben im Mittelalter,* Frankfurt/M. (Insel) 1983.
Corbin, Alain, *Pesthauch und Blütenduft. Eine Geschichte des Geruchs, dt. Übers.,* Berlin (Wagenbach) 1984.
Etienne, Robert, *Pompeji. Das Leben in einer antiken Stadt, dt. Übers.,* Stuttgart (Reclam) 1974.
Gräf, Holger Th./Pröve, Ralf, *Wege ins Ungewisse. Reisen in der Frühen Neuzeit 1500–1800,* Frankfurt/M. (S. Fischer) 1997.
Kocka, Jürgen, *Klassengesellschaft im Krieg. Deutsche Sozialgeschichte 1914–1918, durchgesehene und ergänzte Aufl.,* Frankfurt/M. (Fischer) 1988.
Nave-Herz, Rosemarie, *Die Geschichte der Frauenbewegung in Deutschland,* Hannover (Niedersächsische Landeszentrale für Politische Bildung) 1993.
Noack, Paul, *Olympe de Gouges. 1748–1793. Kurtisane und Kämpferin für die Rechte der Frau,* München (dtv) 1992.
Peukert, Detlev, *Die Weimarer Republik. Krisenjahre der Klassischen Moderne,* 4. Aufl., Frankfurt/M. (Suhrkamp) 1993.
Smelser, Ronald, *Robert Ley. Hitlers Mann an der „Arbeitsfront". Eine Biographie, dt. Übers.,* Paderborn (Schöningh) 1989.
Wippermann, Wolfgang, *Europäischer Faschismus im Vergleich 1922–1982,* 3. Aufl., Frankfurt/M. (Suhrkamp) 1991.

Tipp: *„Querlesen"*
Für die Kurzpräsentation müssen sie nicht das gesamte Werk durcharbeiten: Lesen sollten Sie das Inhaltsverzeichnis, die Einleitung und das Schlusskapitel, für den Hauptteil selbst genügt oftmals ein Querlesen (Überschriften, einleitende und schließende Sätze von Kapiteln und Abschnitten).

3 Zum Umgang mit Sekundärliteratur

Die Arbeit mit Quellen gehört zu den zentralen Aufgaben des Historikers. Da er jedoch nicht alles selbst erforschen kann, stützt er sich in vielem auf das, was andere Historiker vor ihm zu bestimmten Detailfragen erforscht haben. Er verwendet deren Ergebnisse, indem er sie teilweise übernimmt, korrigiert, zurückweist oder weiterführt. Insofern tritt neben die Arbeit mit Quellen die Arbeit mit Darstellungstexten. Darstellungen, in denen Historiker und Historikerinnen ihre Quellenforschungen sowie ihre Ergebnisse und Deutungen der Vergangenheit veröffentlichen oder in denen sie den fachlichen Kenntnis- und Problemstand ergebnisorientiert zusammenfassen, werden als Sekundärliteratur bezeichnet.

Fachwissenschaftliche und populärwissenschaftliche Darstellungen

Grundsätzlich lässt sich die Sekundärliteratur in zwei große Gruppen gliedern: in fachwissenschaftliche und populärwissenschaftliche Darstellungen. Obwohl die Übergänge zwischen beiden Darstellungsformen fließend sind, lassen sich grundlegende Unterschiede festmachen.

Die *fachwissenschaftliche Darstellung* wendet sich in der Regel an ein professionelles Publikum, bei dem spezifische Fachkenntnisse, Methoden und die Kenntnis einer bestimmten Begrifflichkeit vorausgesetzt werden können. Zu den Kennzeichen einer guten fachwissenschaftlichen Darstellung gehört weiterhin, dass alle Einzelergebnisse entweder durch Verweise auf Quellen oder auf andere Untersuchungen detailliert belegt werden, d. h. der Verfasser hat nachzuweisen, woher er etwas weiß und von wem er etwas übernommen hat. Der Historiker muss in seiner Darstellung auch Auskunft geben über das, was man in der Forschung nicht oder noch nicht weiß oder was nicht direkt zu belegen oder zu beweisen ist. Dieses aufwendige Verfahren führt dazu, dass fachwissenschaftliche Darstellungen wegen ihrer Fußnoten und Verweise beim Lesen oftmals viel Mühe bereiten (siehe auch Kap. 2, S. 16 ff.).

Populärwissenschaftliche Darstellungen verzichten auf solchen „Ballast", und zwar deshalb, weil sie sich nicht an Fachmann oder Fachfrau, sondern an ein breiteres Publikum interessierter Laien wenden. Dieses Publikum versucht man vor allem durch eine spannende Erzählweise zu gewinnen, die nicht primär Erkenntnisse über historische Befunde und Interpretationen vermittelt, sondern die das Erzählte auch mit- und nacherleben lässt. Für die populärwissenschaftliche Darstellung sind Lebensnähe sowie das Nachvollziehen bestimmter Situationen und Entscheidungsmomente wichtiger als die nüchterne Bilanzierung von Fakten; die Identifikation mit Täter und Opfer ist bedeutungsvoller als das ständige differenzierte Befragen der Vergangenheit. Populärwissenschaftliche Darstellungen sind im Hinblick auf den historischen Erkenntnisgewinn nicht von vornherein abzulehnen, vorausgesetzt, sie bemühen sich an die historische Wahrheit heranzukommen, verwandeln sich nicht in einen historischen Roman und hüten sich vor pauschalen

M 1 Luis Murschetz (geb. 1939) „Der Eindringling", Karikatur, 1996

Verallgemeinerungen und einseitigen Erklärungen. Ihr Vorteil besteht darin, dass sie komplexe Zusammenhänge nicht einseitig, sondern vereinfacht erklären. Man sollte ihnen allerdings skeptisch gegenübertreten und dazu könnten folgende Fragen Hilfe bieten:
– Setzt sich der Verfasser mit anderen Auffassungen auseinander?
– Stützt sich der Verfasser auf Quellen und andere wissenschaftliche Darstellungen?
– Äußert er offen, was nicht genau bekannt ist, was sich widerspricht oder einer einfachen Erklärung entzieht?
– Hält er sich mit allzu plakativen psychologischen Deutungsversuchen zurück?
– Lässt er sich bei der Schilderung von Prozessen und Ereignissen allzu stark von modernen Gegenwartsvorstellungen beeinflussen oder bemüht er sich Alltagssituationen, über die nur wenige wissenschaftlich abgesicherte Befunde vorliegen, zurückhaltend zu rekonstruieren?
– Liegt seiner Darstellung ein einseitiges Geschichtsbild zugrunde, aus dem er alles erklärt?

Gesamtdarstellungen, Biografien, Monografien

Aus der Fülle der fach- und populärwissenschaftlichen Darstellungen sollen drei herausgegriffen und näher erläutert werden:
1. *Gesamtdarstellungen* geben einen Überblick über Epochen oder lange Zeiträume und beabsichtigen große Zusammenhänge zu beschreiben, zu charakterisieren und zu beurteilen, z. B. „Die Welt der Karolinger", „Das Zeitalter des Absolutismus" oder „Deutsche Geschichte im Mittelalter und in der Neuzeit".
2. *Biografien* (griech. = Lebensbeschreibungen) schildern das Leben und Wirken einer historisch bedeutsamen Persönlichkeit, wobei allerdings nicht nur Lebenslauf und Lebensstationen wiedergegeben, sondern auch die politischen, geistigen und sozialen Kräfte berücksichtigt werden, die das Leben dieser Persönlichkeit geformt haben – z. B. Hildegard von Bingen (gest. 1179), Otto von Bismarck (1815–1898), Rosa Luxemburg (1871–1919).
3. *Monographien* nennt man Darstellungen, die nicht große Zusammenhänge und Epochen untersuchen, sondern sich auf einen klar abgegrenzten Bereich oder eine spezifische Fragestellung konzentrieren. So gibt es beispielsweise Untersuchungen zur „Rolle der Reichswehr in der Weimarer Republik" oder zur „Entstehung des politischen Denkens bei den Griechen".

Wie geht man mit Sekundärliteratur um?

Jede historische Darstellung ist bei allem Bemühen um Objektivität immer eine perspektivisch gebundene Bewertung eines Sachverhalts, dem eine bestimmte Fragestellung und ein bestimmtes Erkenntnisinteresse zugrunde liegen. Dies trifft auch auf Darstellungen in Schulbüchern zu, da in ihnen vielseitige Forschungsergebnisse oft ohne genauere Erklärungen ergebnisorientiert zusammengefasst werden. Aus vielen Gründen können daher in einem Schulbuch Entwicklungen nicht in allen einzelnen Stufen und Zusammenhängen dargelegt werden. In einem Vergleich der Gesellschaftssysteme der ehemaligen DDR und der alten Bundesrepublik würde man die Entstehungsgeschichte beider Staaten 1945 bis 1949 nicht abhandeln, da die Frage, *wie* es zur Teilung kam, nicht im Zentrum des Interesses steht.
Wenn man an einen Sekundärtext herangeht, sollte man zunächst herauszufinden versuchen, womit sich die Darstellung beschäftigt (Thema), welcher Leitfrage der Autor nachgeht (Zusammenhang) und zu welchem Ergebnis er gelangt (zentrale Aussage). Dabei bietet es sich an, historische Darstellungen durch einen Dreischritt zu untersuchen:
– Was wird festgestellt? (Befunderhebung)
– Was wird dadurch erklärt? (Analyse)
– Wie wird das Dargelegte bewertet? (Interpretation)

Nach dieser Untersuchung gilt es nun, den Text zu überprüfen um zu einer kritischen Würdigung der Darstellung zu gelangen. Zunächst wird man die Gliederung und den Gedankengang unter dem Gesichtspunkt untersuchen, ob es logische Brüche oder Schlussfolgerungen gibt, die sich nicht aus dem Dargestellten herleiten lassen. Sodann kann man die Perspektive der Darstellung analysieren und die Frage stellen, ob der Sachverhalt durch eine überbetonte Einseitigkeit eingeschränkt wird. Berücksichtigt der Autor mehrere Perspektiven oder erklärt er das Zusammenwirken der einzelnen Ereignisse nur aus einem einzigen Handlungsmotiv (Monokausalität)? Hat man diesen Schritt vollzogen, kann man sich der Sprache und Begrifflichkeit des Textes genauer zuwenden: Gibt es Ausdrücke, sprachliche Wendungen oder Begriffe, die eine bestimmte Wertung erkennen lassen, die als Prämisse oder Deutungsmuster der Argumentation zugrunde liegen? Geht der Autor von Maßstäben und Wertungen aus, die eine bestimmte politische Position aus der eigenen Zeit auf die Vergangenheit übertragen? Im Jahr 1943 beispielsweise erschien ein Buch mit dem Titel „Rom und Karthago", in dem sich zahlreiche fachwissenschaftliche Aufsätze befanden, so z. B. „Karthago in rassengeschichtlicher Betrachtung" oder „Der Rassengegensatz als geschichtlicher Faktor beim Ausbruch der römisch-karthagischen Kriege".

Durch die oben genannten Fragen kann man herausfinden, ob ein Autor bei seiner Darstellung einer bestimmten Ideologie verhaftet ist. Der Vergleich mit anderen Darstellungen kann hierbei die Arbeit erleichtern, da häufig erst im Vergleich deutlich wird, aus welcher Perspektive und mit welchem Erkenntnisinteresse die Autoren und Autorinnen an ihr Werk herangehen, welche Fragen sie stellen und welche sie bewusst oder unbewusst auslassen.

Geschichtsdarstellung jenseits der Sekundärliteratur: der historische Essay

Der *Essay* ist eine besondere Darstellungsform, durch welche der Übergang zu einer allgemeinen Geschichtsreflexion versucht wird. Er lebt von der prägnanten Verkürzung eines Sachverhaltes, von spontanen Einfällen und provozierenden Formulierungen. Im Essay verzichtet der Verfasser auf genaue Belege, denn ihm geht es nicht um stringente Beweisführung. Sein Ziel ist nicht die abgewogene Würdigung, sondern die Anregung zu neuartigem Überdenken.

Übersicht zur Analyse von Sekundärliteratur

1 Mit welchem Thema und welcher Fragestellung beschäftigt sich die Autorin/der Autor?
2 Was will der Autor/die Autorin erklären?
3 Welche zentralen Aussagen werden getroffen bzw. Thesen aufgestellt?
4 Mit welchen Argumenten belegt die Verfasserin/der Verfasser die Aussagen und Thesen?
5 Will sich der Autor/die Autorin möglicherweise gegen eine andere Position absetzen? Wenn ja, gegen welche und warum?
6 Von welchen (Wert-)maßstäben aus werden Ereignisse, Entwicklungen und das Handeln von Personen beurteilt (= erkenntnisleitende Interessen).

„Mit Bleistift lesen": Tipps zum Gliedern und Unterstreichen

Sekundärtexte sollte man immer „mit Bleistift" lesen, d. h.:
- Markieren Sie bei der Lektüre Argumente, Begriffe und Thesen in drei verschiedenen Formen: Linie, Schlangenlinie, doppelte Unterstreichung.
- Notieren Sie sich den Gedankengang des Autors/der Autorin durch Schlagworte am Rand: These, Argument 1, 2, 3 usw., Gegenthese, Behauptung, weiterführender/abschweifender Gedanke, Begriffserläuterung, Schlussfolgerung, Bewertung.

M 2 Der Historiker Ludolf Herbst zum deutschen Widerstand unter dem Nationalsozialismus, insbesondere zum Widerstand des 20. Juli 1944 (1996):

[M]an darf ja nicht nur die Frage stellen, wogegen sich die Opposition wandte und wofür sie stritt, sondern muss umgekehrt auch fragen, wogegen sie sich nicht wandte und wofür sie nicht stritt. Dabei geht es nicht darum, die Vergangenheit in unhistorischer Weise an heutigen Normen und Vorstellungen zu messen, sondern darum, daran zu erinnern, dass Widerstand, der diesen Namen verdient, in einer abendländischen Tradition steht, die ohne die Rückbesinnung auf naturrechtliche Vorstellungen oder – wenn man noch weiter zurückgreifen will – auf göttliches Recht nicht auskommen kann. Zweifellos gab es im nationalsozialistischen Deutschland Widerstand im Sinne dieser Tradition, doch wird man skeptisch gegenüber allen Bemerkungen und Motivationen sein dürfen, die nicht deutlich erkennbar 1933 einsetzten, als gegenüber Kommunisten, Sozialdemokraten und Juden elementares Naturrecht verletzt wurde. Für große Teile des christlichen, sozialdemokratischen, gewerkschaftlichen und auch kommunistischen Widerstands trifft dieses Kriterium zweifellos zu. Bei jenen Kreisen, die den 20. Juli durchführten, bleibt Skepsis angebracht. Die Mehrzahl von ihnen begann als Parteigänger oder Sympathisant der Nationalsozialisten und nahm weder Anstoß an einem harten Durchgreifen gegen die Sozialdemokraten und Kommunisten noch gegen die Juden, auch wenn die Auswüchse keine Billigung fanden. [...]

Der 20. Juli 1944 schließlich war der Aufstand eines sehr privaten Gewissens; denn zu diesem Zeitpunkt hatte das nationalsozialistische Deutschland nahezu 10 Mio. Juden, Polen, Russen, Zigeuner, Behinderte und vermeintlich „Asoziale" getötet. Für sie wurde der Staatsstreich nicht geplant, auch wenn das Morden bei einem Gelingen beendet worden wäre und es als Motiv zum Handeln erhebliche Bedeutung besaß. Gewiss muss man bei der Beurteilung des Widerstandes die jeweils gegebenen Handlungsmöglichkeiten berücksichtigen. Das ethische Dilemma des Widerstandes die Macht des Reiches zu bewahren und die Verbrechen zu beenden, mit denen sie erworben worden war, war durchaus auch ein objektives Dilemma. Die Erfolge lähmten nicht nur die Handlungsmöglichkeiten, sondern mussten auch bewahrt werden, sollte der Neuanfang nicht von vornherein mit dem Odium des Verzichts und der Niederlage belastet sein. Dieses Dilemma offenbart aber zugleich das Fehlen einer politischen Zielsetzung, die in der Lage gewesen wäre den Gesichtspunkt der äußeren Macht zu kompensieren. Die im Widerstand engagierten „Honoratioren" besaßen sie nicht und politisch wäre sie – wie auch immer sie ausgesehen hätte –, auch kaum durchsetzbar gewesen, zu sehr hatte das nationalsozialistische Herrschaftssystem jede Alternative ad absurdum geführt. Daher war es nur konsequent, dass die ethische Orientierung der Träger des Widerstands erst zur Tat befähigte, als es nur noch darum gehen konnte, ein moralisches Zeichen zu setzen, und niemand mehr davon überzeugt war, dass die Machtstellung des Reichs noch zu bewahren war.

Ludolf Herbst, Das nationalsozialistische Deutschland, Frankfurt/M. (Suhrkamp) 1996, S. 447–449.

1 Lesen Sie den Sekundärtext aufmerksam durch und vervollständigen Sie zunächst Ihr Vorwissen über das behandelte Thema (Lehrbücher, historische Handbücher, Lexika).
2 Erläutern Sie die Position des Historikers Herbst zum Widerstand des 20. Juli 1944.
3 Arbeiten Sie aus dem Text die Wertmaßstäbe heraus, an denen der Autor sein Urteil über den Widerstand gegen das NS-Regime misst.
4 Nehmen Sie Stellung zur Position von Herbst und diskutieren Sie sie im Kurs.

Weiterführende Arbeitsanregungen

1 Diskussion mit einer Expertin/einem Experten:
Besorgen Sie sich in Abstimmung oder auf Vorschlag Ihres Lehrers/Ihrer Lehrerin einen nicht allzu langen Fachaufsatz eines Historikers oder einer Historikerin, die an einer Universität in der Nähe Ihres Wohnortes lehrt. Lesen Sie den Aufsatz zu Hause durch und erweitern Sie mit Hilfe historischer Handbücher ihr Vorwissen über das Thema; erarbeiten Sie Ansätze, Inhalte und Thesen des Aufsatzes gemeinsam im Kurs und formulieren Sie Fragen und Kritik.
Schreiben Sie nun den/die Historiker/in an, und fragen Sie, ob er oder sie Zeit und Lust hätte in der Universität oder in Ihrer Schule zu einer Diskussion über das Thema des Aufsatzes mit Ihnen zusammenzukommen.
Alternative Vorgehensweise: Sie wenden sich in Rücksprache mit Ihrem Lehrer zunächst an eine/n Historiker/in und bitten diese/n um Zusendung eines Fachaufsatzes.

2 Historische Essays:
In den Wochenendausgaben der großen deutschen Tageszeitungen (meist im Feuilleton oder in der Wochenendbeilage) und in den großen Wochenzeitungen werden regelmäßig Essays zu historisch-politischen Themen abgedruckt. Da viele dieser Essays aus aktuellen Anlässen (Jubiläen, besondere politische Ereignisse) geschrieben werden, kommt es häufiger vor, dass ein und dasselbe Thema (z. B. 500. Geburtstag Martin Luthers, 150. Jahrestag der Revolution 1848, 50. Jahrestag der Gründung der Bundesrepublik Deutschland, der 8. März als „Internationaler Frauentag", der 1. Mai als „Tag der Arbeit") in verschiedener Weise gedeutet, an die Gegenwart herangeführt oder für gesellschaftspolitische Zukunftsentwürfe in Dienst genommen wird. Suchen Sie in der Presse nach vergleichbaren Artikeln und diskutieren Sie die Fragen, Argumentationen und Thesen der Autorinnen und Autoren im Unterricht.

Eine Woche lang reiste der Autor der Holocaust-Studie durch Deutschland. Die Tournee wurde zum Triumphzug
Goldhagen und die Deutschen
Die Historiker kritisieren »Hitlers willige Vollstrecker«. Das Publikum empfindet das Buch als befreiend

Wie ein Stachel im Fleisch
Warum das Buch in die Irre führt
Mit fragwürdiger Methode

Vom Rufmord zum Massenmord

Zu Besuch in Deutschland:
Im September stellte sich Daniel J. Goldhagen dem Disput über sein Buch »Hitlers willige Vollstrecker«
Ein Urteil, kein Gutachten
Warum der Streit um die Studie sich lohnt

M 3 Reaktionen auf das Werk des amerikanischen Historikers Daniel Jonah Goldhagen, „Hitlers willige Vollstrecker". – *Das 1996 erschienene Werk bezeichnete den Holocaust als ein „nationales Projekt" Deutschlands; zwischen Hitler und der großen Mehrheit des deutschen Volkes habe, so behauptet Goldhagen, eine grundsätzliche Überstimmung in der Bereitschaft bestanden sich der Juden zu entledigen. Das Werk löste in Deutschland eine heftige öffentliche Debatte aus, an der sich sowohl wissenschaftliche Experten als auch Publizisten und Journalisten beteiligten.*

II Quellengattungen

4 Schriftliche Quellen

In der Geschichtswissenschaft werden als Quellen alle Materialien bezeichnet, die Aufschluss über die Vergangenheit geben. Zu diesen ganz unterschiedlichen Materialien gehören *Sachzeugnisse*, und zwar konkrete, wie z. B. Bauwerke, Münzen, Sarkophage, Schmuck, Werkzeuge, Malereien oder Skulpturen, und abstrakte, wie z. B. Sprache, historische Landschaften. Daneben treten *schriftliche Zeugnisse*, die seit der Erfindung der Schrift und der Erfindung des Buchdrucks im 15. Jahrhundert immer größere Ausmaße annehmen, als wichtigste Quellen für die Rekonstruktion der Vergangenheit. Aus der Vielzahl schriftlicher Zeugnisse seien Gesetzestexte, Lebensbeschreibungen, Grabinschriften, Annalen, Urkunden, Briefe und Memoiren genannt.

Klassifizierung schriftlicher Zeugnisse

Seit dem 19. Jahrhundert hat sich folgende Unterteilung für die schriftlichen Quellen durchgesetzt: Zu den *erzählenden* Quellen rechnet man Chroniken, Annalen, Mono- und Biografien und Geschichtsepen. Sie wurden verfasst, damit spätere Generationen ein Zeugnis vergangener Zeiten erhielten. Zu den *dokumentarischen* Quellen hingegen rechnet man Urkunden, Akten, Sterbe- und Geburtsregister, Zeitungen und andere. Sie halten politische oder private Ereignisse unmittelbar und unkommentiert fest. Wie jede Einteilung bleibt auch diese eine formale und dient nur zu einer ersten Orientierung. Sie ist nicht in jedem Falle trennscharf. Eine Inschrift auf einem römischen Bauwerk z. B. gehört nach dieser Einteilung zu den dokumentarischen Quellen, kann aber von ihrer Intention *mehr* als ein Dokument sein; sie kann propagandistischen, ideologischen Zwecken gedient haben.

Antike und mittelalterliche Quellen: Eine Besonderheit antiker und mittelalterlicher Schriftquellen liegt darin, dass sie in griechischer oder lateinischer Sprache geschrieben sind und eines Übersetzers bedürfen, der eine Sprache verwendet, die in Begrifflichkeit und Wortwahl nicht mehr mit der Vorstellungswelt der Originalsprache identisch sein muss. Dies gilt auch für mittelhochdeutsche Quellen und solche aus der frühen Neuzeit. Der Begriff *res publica*, zu deutsch „Republik", hat in verschiedenen Jahrhunderten verschiedene Bedeutung gehabt; die Übersetzung des Begriffs *polis* mit Stadtstaat täuscht darüber hinweg, dass es in der Antike so etwas wie einen Staat in unserem Sinne nicht gegeben hat.

Quellen der Neuzeit: Anders als in weit zurückliegenden Zeitaltern, etwa der Antike oder dem Mittelalter, sprudeln die Quellen in der Neuzeit, vor allem im 20. Jahrhundert, in so großem Umfang, dass die Geschichtswissenschaft – und in ihrem Gefolge auch der Geschichtsunterricht – immer häufiger mit dem Problem der Auswahl der Quellen konfrontiert wird. Daneben gibt es für die Erforschung und didaktische Aufbereitung der Geschichte des 20. Jahrhunderts eine weitere Herausforderung, die mit der gigantischen Ausweitung der Medienlandschaft zusammenhängt: Im 20. Jahrhundert gehören auch Ton-, Funk-, Film- und Fernsehaufnahmen (siehe Kap. 14, S. 96 ff.), ja selbst das „Fax" und die Nachricht auf dem Anrufbeantworter zu den Quellen des Historikers. Die „Entdeckung des Alltags" in der Geschichte hat darüber hinaus Quellen zutage gefördert, die früher unbeachtet geblieben sind, so z. B. das private Kochrezept, den Notizzettel oder das Tagebuch der „einfachen Frau" oder des „einfachen Mannes", die von den „Autoren" überhaupt nicht für die Veröffentlichung bestimmt waren.

Quellengattungen

Textsorten als Interpretationshilfe

Wer aus schriftlichen Quellen vergangene Wirklichkeit rekonstruieren will, muss sich auf den Wortlaut der Texte einlassen, darf aber nicht das „Geschriebene" ungeprüft als wahre Aussage übernehmen. Quellen haben, je nachdem, welche Fragen man an sie richtet, einen unterschiedlichen Aussagewert. Dabei gilt es, die Textsorte kritisch zu befragen und zu würdigen.

So erweisen sich beispielsweise Gesetzestexte keineswegs als objektive Aussage über das, was in der Vergangenheit vorgeherrscht hat. Sie sind als *normative* Texte zu verstehen, d. h., sie enthalten eher eine Aussage über das, was sein soll, ohne dass sich in ihnen auch schon vergangene Wirklichkeit spiegelt. Andererseits gibt es *deskriptive* Texte, die zwar einen hohen Wirklichkeitsgehalt haben können, wobei aber das Beschriebene von einseitiger bis falscher Beurteilung der Situation bestimmt sein kann. Dies kann abhängig sein vom Informationsstand oder getragen von einer vorherrschenden Weltanschauung (Ideologie).

Von der Textart herkommend lässt sich zwischen Selbst- und Fremdzeugnissen unterscheiden. *Selbstzeugnisse* werden meist durch einen hohen Grad an Subjektivität charakterisiert, erlauben uns aber den Blick auf die „inneren Vorgänge" zu richten und geben uns – z. B. bei Briefen, Tagebüchern, Memoiren – einen Einblick in Bewusstseinslagen. *Fremdzeugnisse* wie (diplomatische) Gutachten oder Memoranden sollten zwar um Objektivität bemüht sein, ihnen kann es aber dafür an vollständigem Einblick mangeln.

Auf eine ähnliche Problematik weist auch die Unterscheidung in *öffentliche* und *interne* Dokumente hin. Erstere müssen keinesfalls Wirklichkeit wiedergeben, sondern können von einer absichtsvollen Selbstdarstellung getragen sein um eine bestimmte Wirkung in einer bestimmten Situation zu erzielen. Mitunter sind sie allein für die Öffentlichkeit erstellt. Interne Dokumente hingegen bieten oft wesentliche Hintergrundinformationen über Einstellungen und Wertungen, ihnen fehlt allerdings oftmals die gebotene Distanz zu dem Berichteten.

Bei der Interpretation von schriftlichen Quellen gilt es, neben dem Herausfiltern des Informationsgehaltes, über die Textsorte einen Einblick in den Wert (Bedeutung) der Aussage zu bekommen. Dabei muss der Interpretierende Subjektives und Objektives abwägen, Tatsachen und Meinungen zu scheiden trachten um sich der Wirklichkeit zu nähern.

Fragen zum kritischen Umgang mit schriftlichen Quellen

Die nachfolgenden Fragen zum kritischen Umgang mit Quellen sind nicht als schematische Anleitung gedacht, sondern als eine Hilfestellung. Nicht immer sind alle Fragen von gleicher Wichtigkeit, die Reihenfolge der Fragen ist nicht festgelegt (M 1).
- *Frage nach Autor/in bzw. Verfasser/in:* Was für eine Persönlichkeit war der Autor, welche politische bzw. öffentliche Stellung hatte er, aus welcher sozialen Schicht kam er, welche Position vertrat er? Wichtig ist es zu klären, in welchem Verhältnis er zu dem Geschehen und zu den beteiligten Personen steht. Aus welcher Weltanschauung und von welchen Wertmaßstäben aus fällte er ein Urteil über die historische Wirklichkeit?
- *Frage nach Entstehungsort, Situation, Zusammenhang und Datum:* Wann, wo und unter welchen Umständen wurde die Quelle verfasst?
- *Frage nach dem Inhalt und nach der Form:* Worüber spricht der Autor und welcher Form bedient er sich (z. B. Rede, Brief, Kommentar)?
- *Frage nach dem Zweck bzw. nach der Absicht des Textes:* Aus welcher Perspektive ist der Text verfasst? Welche Interessen vertritt der Verfasser, wem nützen seine Aussagen, wem geben sie zu nützen vor? Was verschleiert er, was hätte er wissen können?
- *Frage nach der Sprache und Begrifflichkeit.*
- *Frage nach dem Adressaten:* An wen wendet er sich, an Freunde, an die Öffentlichkeit, an Machtträger usw.?

Systematisiert man diesen Fragenkatalog, lassen sich zwei Schritte unterscheiden:

1. Analyse der inhaltlichen und formalen Merkmale;
2. Werten und Beurteilen des Aussagegehalts. Dabei geht es darum, den Erkenntniswert der Quelle durch Erklärung der Argumentation, der Darstellungsperspektive und der Aussageabsicht so zu überprüfen, dass die Aussage in ihrem historischen Gehalt problematisiert wird. Dabei kann ein Vergleich mit anderen Darstellungen und Dokumenten hilfreich sein.

Interpretations-Hinweise zum Umgang mit nationalsozialistischen Reden

In ihrem „Aufruf an das deutsche Volk" vom 1. Februar 1933 beteuert die Regierung Hitler ihre Friedensliebe: „Sie ist dabei erfüllt von der Größe der Pflicht mit diesem freien, gleichberechtigten Volke für die Erhaltung und Festigung des Friedens einzutreten, dessen die Welt heute mehr bedarf als je zuvor."[1]

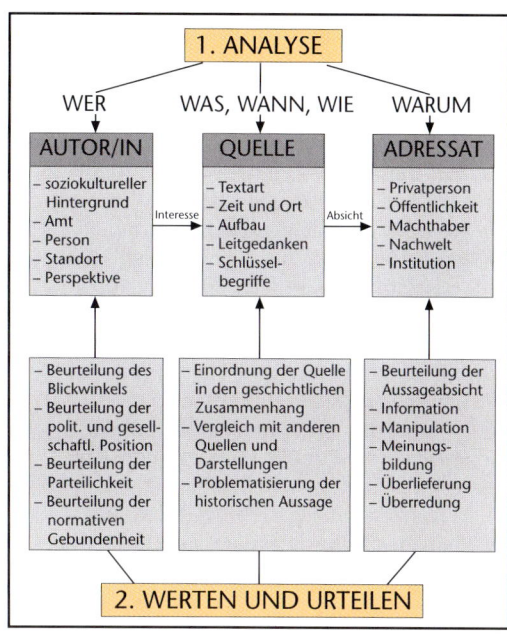

M 1 Übersicht zum kritischen Umgang mit schriftlichen Quellen

Dieses scheinbar eindeutige Bekenntnis zum Frieden wäre textimmanent lediglich dadurch zu relativieren, dass in den Adjektiven „frei" und „gleichberechtigt" die Kritik an dem bisherigen Zustand angeblicher Unfreiheit und Nichtgleichberechtigung mitschwingt. Der Blick auf den Adressaten, das deutsche Volk und – unausgesprochen – das Ausland, sowie auf die Situation, in der der Aufruf erfolgte, kann die Absicht eines solchen Friedensbekenntnisses freilegen, nämlich die Beruhigung der Adressaten und damit die Möglichkeit Hitlers die noch ungesicherte Macht im Innern zu stabilisieren. Vollends absurd wird das öffentliche Friedensbekenntnis, wenn eine weitere Quelle, die Ausführungen Hitlers vor den Befehlshabern des Heeres und der Marine am 3. Februar 1933, also nur zwei Tage nach dem Aufruf, hinzugezogen wird; denn hier geht es um Perspektiven für die Zukunft: „Vielleicht Erkämpfung neuer Export-Mögl[ichkeiten], vielleicht – und wohl besser– Eroberung neuen Lebensraums im Osten u[nd] dessen rücksichtslose Germanisierung."[2] Eine auf diese Weise vorgenommene Problematisierung der Aussage des Aufrufs vom 1. Februar 1933 stößt zur Kategorie des Wertens und Urteilens vor (z. B. bewusste Täuschung, Verschleierung der tatsächlichen Absichten), die die unterschiedlichen Zeitperspektiven berücksichtigt und miteinander in Verbindung bringt: die Perspektive des Jahres 1933 und die Gegenwart des Historikers, der Folgen und Auswirkungen der historischen Entscheidungen des Jahres 1933 kennt. Aber auch hier ist Vorsicht vor zu schnellen Schlüssen geboten: Bedeutete etwa die Aussage „Eroberung neuen Lebensraums", dass es so kommen musste, weil es ja tatsächlich zu Beginn des Zweiten Weltkrieges dazu kam? Eine solche *ex-post*-Beweisführung aus dieser einen Quelle, d. h. einer Interpretation, die aus der Kenntnis der folgenden Ereignisse heraus argumentiert, greift zu kurz. Aber sie ist als Hypothese geeignet, die durch weitere Quellenarbeit bewiesen oder widerlegt werden muss.

---

1 Wolfgang Michalka (Hg.), Das Dritte Reich. Dokumente zur Innen- und Außenpolitik, Bd. 1, München (Institut für Zeitgeschichte) 1985, S. 19.
2 Ebd., S. 23.

M 2 Rede Adolf Hitlers zur Außenpolitik

Am 14. April 1939 warnt der amerikanische Präsident Roosevelt öffentlich vor einem großen Krieg und fordert zu einer friedlichen Konfliktlösung auf. Am 28. April 1939 antwortet Adolf Hitler vor dem eigens einberufenen Reichstag:

Ich darf noch einmal feststellen, dass ich erstens keinen Krieg geführt habe, dass ich zweitens seit Jahren meinem Abscheu vor einem Krieg und allerdings auch meinem
5 Abscheu vor einer Kriegshetze Ausdruck verleihe und dass ich drittens nicht wüsste, für welchen Zweck ich überhaupt einen Krieg führen sollte. Ich wäre Herrn Roosevelt dankbar, wenn er mir darüber Auskunft geben
10 wollte. […]

Ich habe das Chaos in Deutschland überwunden, die Ordnung wiederhergestellt, die Produktion auf allen Gebieten unserer nationalen Wirtschaft ungeheuer gehoben,
15 durch äußerste Anstrengungen für die zahlreichen uns fehlenden Stoffe Ersatz geschaffen, neuen Erfindungen die Wege geebnet, das Verkehrsleben entwickelt, gewaltige Straßen in Bau gegeben. Ich habe Kanäle
20 graben lassen, riesenhafte neue Fabriken ins Leben gerufen und mich dabei bemüht auch den Zwecken der sozialen Gemeinschaftsentwicklung, der Bildung und der Kultur meines Volkes zu dienen.
25 Es ist mir gelungen, die uns alle so zu Herzen gehenden 7 Millionen Erwerbslosen restlos wieder in nützliche Produktionen einzubauen, […] den deutschen Handel wieder zur Blüte zu bringen und den Verkehr
30 auf das Gewaltigste zu fördern. Um Bedrohungen durch eine andere Welt vorzubeugen habe ich das deutsche Volk nicht nur politisch geeint, sondern auch militärisch aufgerüstet und ich habe weiter versucht
35 jenen Vertrag Blatt um Blatt zu beseitigen, der in seinen 448 Artikeln die gemeinste Vergewaltigung enthält, die jemals Völkern und Menschen zugemutet worden ist.

Ich habe die uns 1919 geraubten Provin-
40 zen dem Reich wieder zurückgegeben, ich habe Millionen von uns weggerissener tief unglücklicher Deutscher wieder in die Heimat geführt, ich habe die tausendjährige historische Einheit des deutschen Lebens-
45 raumes wiederhergestellt und ich habe, Herr Präsident, mich bemüht dieses alles zu tun ohne Blut zu vergießen und ohne meinem Volk oder anderen daher das Leid des Krieges zuzufügen.

Ich habe dies, Herr Präsident, als ein
50 noch vor 21 Jahren unbekannter Arbeiter und Soldat meines Volkes, aus meiner eigenen Kraft geschaffen und kann daher vor der Geschichte es in Anspruch nehmen, zu jenen Menschen gerechnet zu werden, die
55 das Höchste leisteten, was von einem Einzelnen billiger- und gerechterweise verlangt werden kann. Sie, Herr Präsident, haben es demgegenüber unendlich leichter. […]

Sie haben das Glück kaum 15 Menschen
60 auf den Quadratkilometer Ihres Landes ernähren zu müssen. Ihnen stehen die unendlichsten Bodenreichtümer der Welt zur Verfügung. Sie können durch die Weite Ihres Raumes und die Fruchtbarkeit Ihrer
65 Felder jedem einzelnen Amerikaner das Zehnfache an Lebensgütern sichern, wie es in Deutschland möglich ist. Die Natur hat Ihnen dies jedenfalls gestattet. Obwohl die Zahl der Einwohner Ihres Landes kaum ein
70 Drittel größer ist als die Zahl der Bewohner Großdeutschlands, steht Ihnen mehr als fünfzehnmal so viel Lebensfläche zur Verfügung.

Zit. nach Max Domarus, Hitlers Reden und Proklamationen 1932–1945, Bd. 2, Würzburg (Schmidt) 1963, S. 1196 und 1178f. (© Max Domarus).

1 Ordnen Sie die Rede in den außenpolitischen Zusammenhang der Jahre 1938/39 ein; zeigen Sie, welche Absicht Hitler verfolgt.
2 Nennen Sie rhetorisch-propagandistische Mittel, die Hitler in dieser Rede einsetzt.
3 Erläutern Sie, wie sich die Bedeutung des Reichstags seit der Ernennung Hitlers zum Reichskanzler gewandelt hat.
4 a) Nehmen Sie zu den von Hitler behaupteten wirtschaftlichen Erfolgen Stellung.
b) Zeigen Sie an zwei Beispielen, wie Hitler die Versailler Nachkriegsordnung „beseitigte".
5 Erläutern Sie, was Hitler in dieser Rede unter „Lebensraum" versteht, und stellen Sie dar, welche Bedeutung diesem Begriff in Ideologie und Praxis des Nationalsozialismus zukommt.
6 Erklären Sie, warum das NS-Regime nach 1933 bei der Mehrzahl der Deutschen auf Zustimmung stieß.

Weiterführende Arbeitsanregungen

1 Klassifizierung schriftlicher Quellen:
Nehmen Sie sich ein Geschichtsbuch für die Oberstufe zur Hand. Greifen Sie sich ein Kapitel ihrer Wahl heraus und klassifizieren Sie die dort abgedruckten schriftlichen Materialien nach Textsorten.

2 Eine schriftliche Quelle interpretieren:
Wählen Sie sich eine Quelle aus Ihrem Geschichtsbuch aus und schreiben Sie nach den Kriterien in M 1 eine Interpretation.

3 Neue Quellen publizieren:
Versetzen Sie sich in die Rolle eines Historikers oder einer Historikerin. Sie haben in Büchern und Akten aus dem 19. oder der ersten Hälfte des 20. Jahrhunderts neue Materialien gefunden und wollen diese publizieren. Recherchieren Sie zu diesem Zweck im Stadtarchiv Ihres Ortes oder auch in Bibliotheken, die Bücher und Zeitschriften aus der Zeit vor 1945 in ihren Beständen haben. Wenn Sie eine interessante Textquelle gefunden haben, bereiten Sie diese für eine „quellenkritische" Veröffentlichung vor. Das heißt:
- Geben Sie den Text der Quelle in Ihren Computer ein.
- Geben Sie den genauen Fundort (Zeitung, Name des Archivs, Signatur der Akte usw.) an.
- Merken Sie an, ob bestimmte Stellen im Original unleserlich waren, wenn ja, welche.
- Geben Sie Hinweise, ob und ggf. wie Sie ältere Schreibweisen oder Orthografie- und Interpunktionsfehler behandelt haben.
- Erläutern Sie unbekannte oder schwierige Begriffe, Fachausdrücke, historische Hintergründe usw. in einem Anmerkungsteil.
- Schreiben Sie in einem kurzen Kommentar, warum die Quelle für Sie von Interesse ist.

4 Eine Quellendokumentation erstellen:
Gehen Sie in Ihr Ortsarchiv oder das Archiv der Lokalzeitung. Suchen Sie in den Lokalzeitungen der Jahre 1945 bis 1949 nach Textquellen, die sich mit dem Leben und Arbeiten von Frauen im Deutschland der Nachkriegszeit beschäftigen. Stellen Sie eine Quellendokumentation zusammen und schreiben Sie einen einleitenden Informationstext dazu.

M 2 Alte Protokolle einer Schweizer Bank, Fotografie, 1998. – Vom Zugang zu Bankprotokollen aus der Zeit des Zweiten Weltkriegs erhoffen sich Historiker Aufschlüsse über die Frage, ob und inwieweit Schweizer Banken mit den Nationalsozialisten zusammenarbeiteten und ob sich die Banken während des Holcaust bereichert haben.

5 Werke der Malerei und Bildhauerkunst als Quellen für die Geschichte

Warum bezeichnen wir „jenen hellen Farbkomplex ... in der Mitte" des Auferstehungsbildes von Matthias Grünwald als „einen aufschwebenden Christus" und nicht als „einen schwebenden Menschen mit durchlöcherten Händen und Füßen"? Das fragte der Kunsthistoriker Erwin Panofsky 1931 in seinem Epoche machenden Aufsatz „Zum Problem der Beschreibung und Inhaltsdeutung von Werken der bildenden Kunst".[1] Die Antwort: Weil wir nicht nur beschreiben, was wir sehen, also Farben und Formen oder Dinge wie Hände und Füße. Hinzu kommt bereits eine Deutung des Dargestellten, die sich aus dem Wissen unserer Kultur speist. Jemand, der nicht in der Tradition des Christentums aufgewachsen ist, wird die Bedeutung des Auferstehungsbildes kaum erschließen können – ebenso wie uns Bilder aus anderen Kulturen ohne Erklärung fremd bleiben.

Kunstwerke bilden weder die Wirklichkeit so ab, wie sie war oder ist, noch sind sie alleine eine Erfindung des Malers bzw. Bildhauers oder seine ästhetische Interpretation der Wirklichkeit. Die Themen und die Form der Darstellung reflektieren vielmehr epochenspezifische Einstellungen und Denktraditionen und deshalb sind sie für den Historiker Quellen, wenn auch auf eine andere Weise als Urkunden, Rechnungen oder Briefe.

Methoden der Interpretation

Die Interpretation von Kunstwerken muss unterschiedliche „Sinnschichten" berücksichtigen. Von allen in der Kunstgeschichte geläufigen Methoden der Bildinterpretation, von formanalytischen und stilgeschichtlichen bis hin zu kunstpsychologischen Ansätzen, eignet sich die von Erwin Panofsky begründete ikonografisch-ikonologische Methode am ehesten zur Interpretation von Bildern als historische Quelle, weil Inhalt und Bedeutung des Dargestellten im Mittelpunkt der Analyse stehen (griech. eikon = Bild; griech. graphein = zeichnen; griech. eikonologia = das Reden in Bildern). Die Interpretation erfolgt in drei Schritten:

1. Das Dargestellte genau beschreiben: Die genaue Beschreibung des Dargestellten, die so genannte „vorikonografische Beschreibung", beschäftigt sich mit Formen, Farben, Raumbeziehungen, Größenverhältniss, Gegenstand, Personen, Bildaufbau. Die erforderliche sprachliche Genauigkeit ist oft mühsam – angeblich sieht man ja alles! –, doch unerlässlich. Das Betrachten und Beschreiben des Bildes entspricht der Inhaltsangabe bei der historisch-kritischen Methode zur Interpretation schriftlicher Quellen (siehe Kap. 4, S. 33 ff.).

2. Die Bedeutung der bildlichen Elemente erklären: Das Erklären der Bedeutung bildlicher Elemente, die so genannte „ikonografische Analyse", setzt Vertrautheit mit bestimmten Themen und Vorstellungen der Vergangenheit voraus. Panofsky nennt diesen Schritt Interpretation des „Bedeutungssinns". Ein Beispiel: Schornsteine, aus denen Rauch aufsteigt, können aufgrund praktischer Erfahrung leicht identifiziert werden. Auf vielen Bildern sind Schornsteine tatsächlich nicht mehr als rauchende Schornsteine. Auf manchen Bildern des 19. Jahrhunderts sind sie jedoch gleichzeitig Symbole für industrielle Dynamik und Fortschrittsglauben. In der Sprachwendung „Erstmal muss der Schornstein rauchen" lebt diese Bedeutung weiter. Zur ikonografischen Analyse gehört so die Kontrolle durch andere Bilder oder Quellen und Fachliteratur. Bei schriftlichen Quellen nennen wir diesen Schritt „innere Kritik" oder „Analyse" (siehe Kap. 4, S. 33 ff.) d. h. die sprachliche und sachliche Aufschlüsselung einer Quelle.

---

1 Erwin Panowsky, Aufsätze zu Grundfragen der Kunstwissenschaft, hg. von Hariolf Oberer und Egon Verheyen, Berlin (Spiess) 1980.

3. Die „eigentliche" Bedeutung des Bildes erkennen: Das Erkennen der „eigentlichen" Bedeutung eines Bildes, die so genannte „ikonologische Analyse", setzt – über das genaue Sehen des Bildes und das Erfassen der Bedeutung einzelner Bildelemente hinaus – die Kenntnis der Geschichte einer bestimmten Zeit voraus. Nach Panofsky ist das die Interpretation des „Dokumentsinns": Für welche politisch-moralische Aussage, soziale Erwartung, historische Wirklichkeit ist das Bild ein Dokument? Zur Absicherung der ikonologischen Interpretation gehört:
– die Angabe der Darstellungstechnik und Größe des Bildes: Ein Gemälde von 40 x 70 cm erzielt eine ganz andere Wirkung und war in der Regel auch für einen anderen Zweck bestimmt als ein Gemälde von 400 x 700 cm – eine kleine antike Opferfigur hat eine andere Wirkung und einen anderen Zweck als eine Kolossalstatue;
– der Vergleich mit anderen bildlichen, literarischen und historischen Quellen;
– die Frage nach den „Quellen" des Künstlers, z. B. war er Zeuge des dargestellten Ereignisses? Oder auf welche andere Art hat er davon erfahren und was?
– Die Aufhellung der Entstehungs- und Wirkungsgeschichte des Bildes;
– die Frage nach der Bedeutungs- und Mitteilungsabsicht von Künstler und Auftraggeber.
Entsprechende Informationen finden sich in kunsthistorischen Handbüchern und Lexika.

Kunstwerke der Antike

Interpretations-Hinweise zur römischen Staatskunst: Die Statue von Kaiser Augustus

Die Statue des Kaisers Augustus (M 1) wurde in der Villa der Livia, der Frau des Kaisers, gefunden. Der Name des Künstlers ist nicht bekannt; es handelt sich wohl um eine Auftragsarbeit. Livia hatte sich nach dem Tod des Augustus in diese Villa unweit von Rom, in der Nähe des Ortes Prima Porta, zurückgezogen und dort diese Statue, die ihr sicher viel bedeutete, aufstellen lassen. Sie zeigt den Kaiser barfuß, was darauf hinweist, dass Augustus nicht mehr am Leben, sondern bereits unter die Götter aufgenommen war – sicher eine Veränderung gegenüber dem Original. Der Kaiser ist als Feldherr dargestellt. Er hebt den rechten Arm zum Gruß. Wen grüßt er? Mit wem tritt er in Verbindung? Sind es seine Soldaten oder ein anderer, größerer Personenkreis? Was für ein Zeichen gibt er? Augustus trägt eine Tunika, darüber einen Panzer und einen Feldherrnmantel. Der figurenreiche Panzer zeigt im Mittelpunkt eine Szene, die in der damaligen Zeit ohne weiteres verstanden wurde: die Rückgabe der Feldzeichen, die der Feldherr Crassus im Jahre 53 v. Chr. durch eine unrühmliche Niederlage an die Parther verloren hatte und die im Jahre 20 v. Chr. wieder an die Römer zurückgegeben wurden. Diese Episode wird vom Künstler in eine bedeutungsvolle Szenerie eingebettet. Der Himmelsgott Caelus – er spannt das Himmelsgewölbe wie ein Segel über sich – und die Erdgöttin Tellus am unteren Ende des Panzers – mit einem Füllhorn voller Früchte – verbinden das Geschehen, das so in einen universalen Zusammenhang gestellt wird. Der Sonnengott Sol fährt mit seinem Wagen am Himmel entlang, Luna und Morgenröte, die beiden weiblichen Gestalten rechts, entweichen. Unterhalb, an den Rippen, sitzen trauernd ergeben zwei Frauengestalten, Personifikationen unterworfener Provinzen. Links und rechts in der Leistengegend sind Apoll mit der Leier und Diana, die Göttin der Jagd, angesiedelt. Auf den Schulterklappen bewachen Sphingen diesen Kosmos, in dem jeder den ihm gebührenden Platz hat.

Der Panzer verkörpert somit einen zugleich allegorischen, historischen und politischen Themenkreis. Welche Weltsicht, welches Herrscherverständnis wird durch die Statue erkennbar? Die Rückgabe der Feldzeichen ist die zentrale Aussage, im konkreten und übertragenen Sinn. Mit ihr tritt Frieden ein, jetzt bricht das lang ersehnte neue Zeitalter an. Augustus wird zum Friedensbringer, sein Gruß zum Friedensgruß. Bezeichnenderweise übergibt der Parther die Feldzeichen nicht dem Römer, der die Hände danach ausstreckt, sondern er reicht sie nach oben, zum Haupt des Augustus, das über allem ruht. Dank Augustus walten Ordnung, Frieden, Fruchtbarkeit. Siege galten im altrömischen Verständnis als Zeichen für gute Beziehungen

 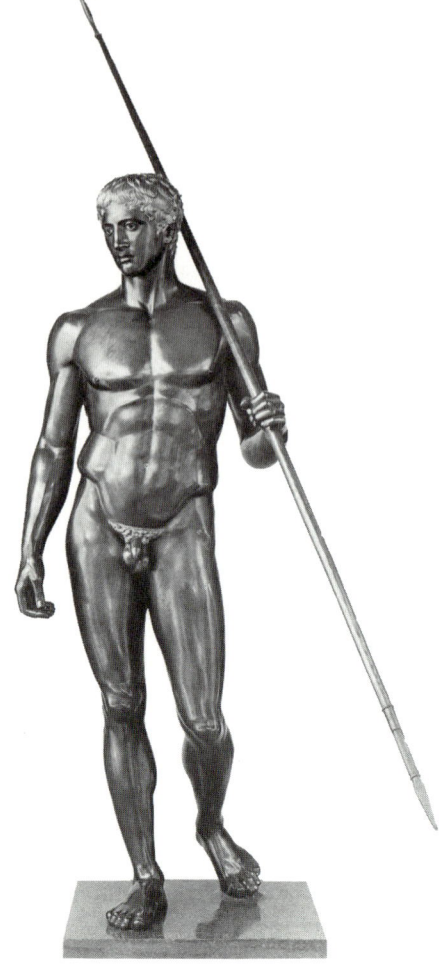

M 1 Kaiser Augustus als Feldherr, Marmor, Höhe 204 cm

M 2 Speertragender Jüngling, Bronzerekonstruktion nach den erhaltenen Repliken des Polyklet (2. Hälfte 5. Jh. v. Chr.), Höhe 212 cm

zwischen Göttern und Menschen, Niederlagen als Hinweis auf ein gestörtes Verhältnis, an dem die Menschen durch Pflichtvergessenheit und Unachtsamkeit Schuld trugen. Augustus ließ zerfallene Tempel wiederherstellen, nahm alte Kulte wieder auf, erneuerte religiöse Bräuche, er knüpfte das in den Bürgerkriegen zerrissene Band zwischen Menschen und Göttern neu – und die Götter schenkten den Römern und ihrem Herrscher ihr Wohlwollen, Siege und Glück. Der Herrscher ist somit Garant für ein neues, „goldenes" Zeitalter, in dem Götter und Staat im Einvernehmen sind. Das historische Ereignis des Sieges über die Parther wird zugleich zum Sinnbild für eine neue Qualität. Ewige Dauer wird der „Pax Romana" prophezeit durch die ewige Wiederkehr von Sonne und Mond. So lässt die Augustusstatue vor der Öffentlichkeit Herrschaftsrecht, Selbstverständnis und Herrschaftsanspruch anschaulich werden. Das Kunstwerk erfüllt neben der ästhetischen auch eine emotionale und politische Funktion, spiegelt sich doch in ihm ein Stück der Herrschaftsideologie des augusteischen Prinzipats.

Diese Art der Herrscherdarstellung hat weit gewirkt; in ähnlicher Weise grüßten die Statuen römischer Kaiser in den Häfen die ankommenden Schiffe. Herrscherdarstellungen späterer Zeiten nehmen diese Figuration auf und knüpfen an den symbolisierten Machtanspruch an.

Interpretations-Hinweise zum Vergleich griechischer und römischer Statuen

Die Haltung des Augustus steht auch in einer kunstgeschichtlichen Tradition. Sie ist einer klassischen griechischen Statue entlehnt, dem sogenannten Doryphoros (Speerträger) des Bildhauers Polyklet (M 2). Diese Statue galt schon in der Antike als Musterbeispiel für die ausgewogene, in sich ruhende griechische Figur der Klassik. In ihr sind Bewegung und Ruhe, Spannung und Gelöstheit, tragende und lastende Teile in großer Harmonie zusammengefügt. Der Jüngling scheint im Schreiten innezuhalten, der Blick ist auf ein fernes Ziel gerichtet. Stand- und Spielbein, linker und rechter Arm zeigen Spannung und Entspanntsein; der Kopf wendet sich nach der leicht kontrahierten Standbeinseite. Der gespannte Arm und das entspannte Bein reichen in den Raum hinein. Dieses dreidimensionale Ganze stellt wohl Achill, den jugendlichen Helden und damit das Idealbild des Mannes dar. Der Vergleich mit der Augustusstatue weist auf einen wesentlichen Unterschied zwischen griechischer und römischer Kunst, Denkweise und Sinnrichtung. Die Augustusstatue ist durch den über den Arm fallenden Mantel und den auf einem Delphin reitenden Amor in die Fläche ausgeweitet. Es geht weniger um den ganzheitlichen Menschen als um den Menschen in seiner Welt. Für den Römer ist diese Welt das Amt, die Familie, der Staat. Augustus erscheint als Abkömmling der Götter – darauf weist der Amorknabe hin –, als Feldherr und Friedensbringer, schließlich als unter die Götter aufgenommener Begründer eines neuen Zeitalters. Die Deutung dieses und anderer römischer Kunstwerke lässt den Schluss zu, dass römische Kunst hauptsächlich politische Kunst, Ausdruck römischen Staatsbewusstseins ist. Sie ist ohne die griechische Kunst nicht zu denken; die Einflüsse sind vielfältig. Griechische Bildhauer arbeiteten in römischem Auftrag und stellten für Römer Kopien berühmter Werke her. Aber sie setzen auch in Statuen von berühmten Personen, in historischen Darstellungen auf Triumphbögen, in Reliefs auf Altären römisches Denken um, das den Menschen in seinem Können, in seiner Leistung für den Staat vergegenwärtigen und geschichtliche Situationen und Ereignisse der Nachwelt mitteilen will.

Kunstwerke des Mittelalters

Wenn wir Kunstwerke aus dem Mittelalter betrachten, begegnen wir einer oftmals noch fremder anmutenden Welt als der antiken. Die mittelalterlichen Künstler – anonyme Mönche, Buchmaler, Bildhauer, Baumeister – scheinen eine verschlüsselte Sprache zu sprechen. Wir müssen sie übersetzen.

Interpretations-Hinweise zu mittelalterlichen Herrscherbildern: Kaiser Otto III.

Die Darstellung Ottos III. (983–1002), die um die Jahrtausendwende vielleicht im Kloster auf der Reichenau oder am Kaiserhof entstand, kann exemplarisch zur Deutung von Menschenbild und Herrschaftsverständnis herangezogen werden (M 3). Man sieht in der Mitte den Kaiser, reich gekleidet, mit den Herrschaftsinsignien Krone, Zepter und Reichsapfel. Er thront in starrer Haltung unter einem Baldachin. Sein Blick ist auf ein unbestimmtes Ziel gerichtet. Je zwei Männer stehen ihm rechts und links zur Seite; sie blicken zu ihm auf. Jedes Detail dieser scheinbar naiven Darstellung wird zum Symbolträger. Die vier Männer stehen stellvertretend für die gesellschaftlichen Schichten Klerus und Adel. Sie stützen seine Herrschaft: der Bischof berührt den kaiserlichen Thron, der Adlige hebt stützend seine Hand. Die Säulen, die den Baldachin tragen, unterstreichen die symbolische Aussage, dass die Herrschaft des Kaisers auf der bereitwilligen Gefolgschaft von Klerus und Adel beruhe. Nicht das „natürliche" Erscheinungsbild ist wesentlich, sondern die „übernatürliche" symbolische Wirklichkeit: Die Krone wird flächig in ihrer ganzen Breite gezeigt, der Kaiser ist erheblich größer als die anderen Personen, seine Füße berühren den Boden nicht –

Quellengattungen

M 3 Otto III. (983–1002), Miniatur aus einem Evangeliar, um 1000

dies alles betont die außerordentliche Stellung des Kaisers. Die Weltkugel mit dem Kreuz weist auf seine Aufgabe als Schirmherr der christlichen Welt hin. Der Stil der Darstellung nimmt in Haltung, Kleidung und Ausstattung Formelemente der römischen Antike auf, wird aber durch neue Details bereichert, z. B. durch die Menschenköpfe an den Säulen. Die mittelalterliche Kaiseridee knüpft an das römische Kaisertum an, verändert aber Organisation und Legitimation. Niemand trägt individuelle Züge, keine Geste ist naturgetreu. Alle Figuren stehen stellvertretend für Amt oder Stand, alle Gesten sind Sinnträger. Demzufolge gibt es auch kein von der Individualität oder von weltlichen Vorstellungen geprägtes Schönheitsideal. Mittelalterliche Kunst muss vorwiegend unter dem Gesichtspunkt gesehen werden, dass sie in christlichem Sinn die Welt deutet und nicht unter ästhetischen Gesichtspunkten die Welt darstellt.

Kunstwerke der frühen Neuzeit und des 19. Jahrhunderts

Seit der Renaissance lernten die Maler auf Kunstakademien die Bedeutung von Allegorien und anderen bildhaften Vorstellungen der Antike und des Christentums, später auch der jeweiligen vaterländischen Geschichte. Nicht der Gegenstand oder das Ereignis allein verliehen dem Dargestellten Bedeutung, ähnlich wichtig waren die verwendeten Attribute. Ihr überwiegend adliges und höfisches Publikum verstand diese Bildsprache und wäre nicht auf die Idee gekommen einen Stich oder ein Gemälde nur als Abbild von Wirklichkeit zu interpretieren. Als Auftraggeber der Maler nahmen sie auf die Darstellung ihrer Person oder die Ausführung eines Wandbildes in ihren Palästen großen Einfluss. Die Bedeutung eines Kunstwerks und seiner Auftraggeber drückte schließlich noch die Gattung (Bildnisse, Landschaften, Architektur, Genres, Historien, Stillleben) aus.

Historienbilder

Seit der Renaissance galt die Wiedergabe von religiöser und weltlicher „Geschichte" als die höchste Kunst und diese Vorherrschaft dauerte bis weit in das 19. Jahrhundert. Wie ist dieser

Erfolg zu erklären? Nicht immer mit der künstlerischen Qualität. Es war eher die didaktische Absicht der Historienbilder, ihre Position als Medium der moralischen Erziehung. Historienbilder sollten das Publikum zur Reflexion der eigenen Weltanschauung und Lebensführung auffordern, die historischen Helden und Ereignisse beispielhaft wirken. Der „Geist einer Epoche" spiegelt sich in keiner Gattung so umfassend wie in den Historienbildern. Die moralische oder politische Interpretation eines Ereignisses war Auftraggebern wie Malern wichtiger als Darstellungstreue im Detail. In seinem „Lob der Malkunst" schrieb der niederländische Maler Philips Angel (um 1618 – ca. 1645): „Es ist höchst lobenswert ..., fleißig in staubigen alten Büchern herumzukramen und sich Geschichtskenntnisse anzueignen ..., doch wenn wir diese in Zeichnungen, Stichen oder Gemälden zum Ausdruck bringen wollen, müssen wir unsere eigenen Vorstellungen und künstlerischen Freiheiten zu Hilfe nehmen ohne den Sinn der ‚Historie' zu verletzen um unser Werk weiter auszuschmücken, wie es die Alten taten und wie es viele der heutzutage gefeierten Denker noch tun."[2] Die Freiheit der Deutung durch bildliche „Ausschmückung" gilt es bei jeder Art von Historienmalerei zu bedenken, auch wenn die Maler ihre eigene Zeitgeschichte auf die Leinwand bannten. Faktentreue war für sie ein relativer Begriff.

Zu unterscheiden sind drei Hauptformen des Historienbildes:
1. das allegorisierende oder antikisierende Historienbild der „vormodernen" Zeit;
2. das retrospektive Historienbild, das zeitlich zurückliegende Ereignisse für die Gegenwart deutet;
3. das authentische oder dokumentarische Historienbild in Form eines zeitgenössischen Ereignis- oder Reportagebildes. Es unterscheidet sich von den beiden anderen Formen vor allem dadurch, dass der Maler Augenzeuge des dargestellten Ereignisses war. Trotzdem sind auch die authentischen Historienbilder keine wahrheitsgetreuen Abbildungen, sondern Deutungen der Geschichte.

M 4 Hyazinthe Rigaud (1659–1743), Ludwig XIV. im Krönungsornat, 1701, Öl auf Leinwand, 276 x 196 cm

M 5 Franz Krüger (1797–1857), Friedrich Wilhelm IV. in seinem Arbeitskabinett, um 1846, Öl auf Leinwand, 62 x 40 cm

2 Zit. nach Bob Haak, Das goldene Zeitalter der holländischen Malerei, Köln (DuMont) 1984, S. 79.

Herrscherbilder

„Bedeutung" enthielten freilich nicht nur die Historienbilder. Viele Genrebilder, die besonders beim bürgerlichen Publikum sehr beliebt waren, verkünden ebenso Maximen der Lebensgestaltung. Und selbst Landschaftsbilder und Porträts enthalten zeittypische Vorstellungen und Bildideen. Der Wandel der Darstellung von Herrschern ist dafür nur ein besonders markantes Beispiel.

Welch ein Unterschied besteht zwischen dem Bildnis Ludwigs XIV. von Hyazinthe Rigaud und der Darstellung Friedrich Wilhelms IV. in seinem Arbeitskabinett durch Franz Krüger (M 4, M 5): hier der dem Volk enthobene Herrscher mit allen Insignien der Macht, z. B. dem Hermelin als Herrschaftszeichen; dem Marschallstab als Zeichen für den obersten Kriegsherrn; dem zur Seite geschlagenen Vorhang, der bereits auf byzantinischen Darstellungen erscheint und den Herrscher als eine Erscheinung des Hilfe bringenden Gottes ausweist; die Säule als Zeichen der Beständigkeit des Herrschers, als Stütze des Reichs. Dort der bürgerähnliche König, an einen Tisch gelehnt in seinem Arbeitszimmer, dessen Ausstattung in jener Zeit auch für einen Gelehrten oder wohlhabenden Kaufmann typisch war und der nur durch seine Uniform noch als Träger von politischer Macht zu identifizieren war. Trotzdem dient auch die Darstellung Friedrich Wilhelms IV. der Propagierung des monarchischen Prinzips, bürgerliche Tugenden werden zur Legitimation fürstlicher Macht genutzt.

Zum „Dokumentensinn" von Kunstwerken: Familienbilder des Biedermeier

Für das Bild als historische Quelle hat der Historiker Rainer Wohlfeil Panofskys Begriff des „Dokumentsinns" zum Begriff des „Dokumentensinns" erweitert. Bilder vermitteln aufgrund ihres spezifischen Charakters als Kunstwerke Erkenntnisse über die Vergangenheit, die aus anderen Quellen nicht zu erschließen sind. Darüber hinaus enthalten Bilder unbeabsichtigte Aussagen zu Fragen, die erst heute an das Werk gestellt werden, z. B. Aussagen zur Stellung von Frauen und Kindern in einer Gesellschaft oder zu kollektiven Ängsten. Bilder sind insofern nicht nur Dokument für sich selbst, sie können auch Dokumente für etwas anderes sein.[3]

M 6 Karl Begas (1794–1854), **Die Familie Begas, 1821, Öl auf Leinwand, 76,5 x 85,5 cm**

---

3 Siehe Rainer Wohlfeil, Methodische Reflexionen zur historischen Bildkunde, in: Brigitte Tolkemitt/ders. (Hg.), Historische Bildkunde, Berlin (Duncker & Humblot) 1991, S. 17–35.

Ein biedermeierliches Familienbild z. B. (M 6) teilt uns unbeabsichtigt zeitgenössische Details zur Kleidung, zur Wohnungseinrichtung oder Gartengestaltung, zum Spielzeug der Kinder und anderes mit. Wichtiger als die „realkundlichen" Aussagen im Bild sind solche zur Familienstruktur: Welche Positionen zueinander nehmen die Personen ein? Womit beschäftigen sie sich, welche Gegenstände sind ihnen zugeordnet? Warum wird von der Welt außerhalb des Hauses gerade die Kirche gezeigt? Dass die Familie einen Kreis mit dem Vater als höchstem Punkt bildet, ist kein Zufall. Die Familienbilder des Biedermeier gleichen sich: Sie bilden nicht einfach eine Familie ab, sie stellen eine sittliche Idee der Familie dar, wie zur gleichen Zeit die Philosophen Hegel oder Schleiermacher in ihren Schriften: Die Familie ist das Fundament aller sittlichen Ordnung, in ihr verwirklicht sich Harmonie. Haus und Garten schützen sie vor den schädlichen Einflüssen der äußeren Welt, dem Mann gebührt als „Hausvater" die dominierende Stellung. In vielerlei Hinsicht ist so das Bild eine Quelle: für realkundliche Aussagen und für den Geist einer Epoche.

Malerei des 20. Jahrhunderts

Die „neue" Malerei und ihre Voraussetzungen

1907 malte Picasso das Bild „Les Desmoiselles d'Avignon". Es besitzt keinen Tiefenraum, die Körper der fünf Frauen sind aus gegeneinander gesetzten Flächen gebildet, wirken verzerrt. Es war die Geburtsstunde des Kubismus, einer „neuen" Malerei, die alle Bildelemente radikal auf geometrische und stereometrische (= kubische) Flächen und Formen reduzierte. Die Kubisten vollzogen als erste den Bruch mit der seit der Renaissance vorherrschenden perspektivischen Malerei, an ihre Stelle setzten sie die analytische Darstellung von Gegenständen durch Flächen und Formen und die Simultandarstellung. Den Betrachtern verlangten und verlangen diese Bilder ein verändertes Sehen ab: nicht das Wiedererkennen von Gegenständen als Elementen der Wirklichkeit, sondern das Neben- und Nacheinander von Formen als ästhetische Wirklichkeit.

Wie ist diese Veränderung, die bereits bei Paul Cézanne und seiner Theorie der autonomen Bildgesetze angelegt war, zu erklären? Guillaume Apollinaire bezeichnete die kubistischen Bilder als „erste wissenschaftliche Bilder" und traf damit einen wichtigen Aspekt. Die jungen Maler der Moderne nach der Jahrhundertwende – Pablo Picasso, George Braque oder Marcel Duchamps – beschäftigten sich viel mit Naturwissenschaften und Mathematik. Die Aufgabe der perspektivischen Malerei war ihre Konsequenz aus den neuen Erkenntnissen, dem Verlust der Eindeutigkeit, z. B. in der Speziellen Relativitätstheorie oder in der Atomphysik. Hinzu kamen der Siegeszug der Fotografie und des Films, die die „Abbildfunktion" von Wirklichkeit offensichtlich besser erfüllten als die klassische Wand- und Tafelmalerei und die außerdem beliebig oft reproduzierbar waren. Schließlich konnten die Malerinnen und Maler des 20. Jahrhunderts noch weniger als die des 19. Jahrhunderts mit festen Aufträgen von Höfen, Regierungen oder bürgerlichen Mäzenen rechnen, sie waren abhängig von Kunsthändlern und dem Kunstmarkt. Auf alle diese Herausforderungen reagierten die Maler mit formal oder inhaltlich provozierenden Bildern, auch mit rasch wechselnden Stilen.

Kunststile im 20. Jahrhundert: „experimentelle" und „bedeutungstragende" Malerei

Für das 19. Jahrhundert ist es noch relativ leicht die Reihenfolge der Kunststile festzulegen: Klassizismus, Romantik, Realismus, Impressionismus. Seit dem Ende des 19. Jahrhunderts folgen die Kunststile rascher aufeinander, sie existieren oft nebeneinander und erfahren spezifisch nationale Ausprägungen: Jugendstil, Expressionismus, Kubismus, Futurismus, Dada, Konstruktivismus, Neue Sachlichkeit, Muralismo, Surrealismus, Tachismus, Konkrete Kunst,

Quellengattungen

Pop Art, Postmoderne ... Auch der nationalsozialistische Naturalismus und der sozialistische Realismus gehören zur Kunst des 20. Jahrhunderts, unabhängig von der Qualität des einzelnen Kunstwerks. Sie alle sind Ausdruck bestimmter gesellschaftlicher Probleme, Kunsttraditionen und Ideologien und insofern Quellen. Der Historiker wird gleichwohl zwei große Gruppen unterscheiden.

Die erste könnte „experimentelle" Malerei genannt werden: die radikale „Reduktion" der Malerei auf Formen und Farben auf einer ebenen Fläche. Ein Beispiel dafür sind die Bilder Piet Mondrians, der Cézannes Kunsttheorie – Malen bedeute Farbempfindungen zu registrieren und sie zu organisieren und alles in der Natur forme sich wie Kugel, Kegel und Zylinder – konsequent zu Ende dachte. Nicht von ungefähr tragen die Bilder dieser Gruppe oft nur Titel wie „Rotes Quadrat", „Schwarzer Punkt", „Weiß in Weiß" oder „Nr. 28".

In der zweiten Gruppe wollen die Malerinnen und Maler einen Gegenstand oder ein Ereignis ästhetisch interpretieren, das Thema oder der Inhalt sind genauso wichtig wie Formen und Farben. Sie könnte deshalb als „bedeutungstragende" Malerei bezeichnet werden. Das Abgrenzungskriterium zwischen beiden Gruppen ist nicht „gegenständliche" bzw. „nicht gegenständliche" Darstellung. Paul Klees „Zerstörtes Land" von 1934 oder Picassos „Guernica" von 1937 sind keine gegenständlichen Bilder und trotzdem „bedeutungstragend". Umgekehrt sind die Treppenbilder von Oskar Schlemmer, der wie Paul Klee Lehrer am Dessauer Bauhaus war, gegenständlich und doch „nur" kunsttheoretische Experimente mit Formen und Farben. Für die Historiker sind die Bilder der zweiten Gruppe wichtiger, weil wir annehmen können, dass es die Absicht des Malers war mit ästhetischen Mitteln eine Aussage zu den Problemen seiner Zeit und zur Geschichte zu machen.

Interpretations-Hinweise: Jakob Steinhardt, Die Stadt (1913) – Zeitkritik als Straßenszene

Die rechte Hälfte des kleinformatigen Bildes (M 7) zeigt eine Straßenschlucht, in der sich zu abendlicher Zeit Menschen drängen, die offensichtlich keine Beziehung zueinander haben. Die Menschen im Vordergrund scheinen es eilig zu haben; die Schnelligkeit, das Tempo der Großstadt wird auch durch die Straßenbahn in der Bildmitte symbolisiert. Die Zylinder der Männer und die Hüte der Frauen lassen auf einen Vergnügungsaufenthalt schließen; die hell erleuchteten Schaufenster weisen auf die neue Konsumwelt der Stadt hin. Die Häuserzeilen links und rechts sind nicht lotrecht, sie kippen nach vorne. Die Scheinwerfer, die dunklen, verwischten Hausfarben, der verschwimmende Nachthimmel, die schwankenden Linien – all das wirkt bedrohlich und steht für das Chaos der Großstadt, so wie die Ausführung der Personen für deren soziale Beziehungslosigkeit steht. Nicht nur die Einzelnen in der Menge, auch die Menschen in

M 7 Jakob Steinhardt (1887–1968), Die Stadt, 1913, Öl auf Leinwand, 61 x 40 cm den Häusern sind offenbar einsam und voneinander isoliert; selbst die Körper der Spieler, die ja eigentlich einander zugewandt sein müssten, streben auseinander. Jakob Steinhardts Gemälde scheint ein Dokument für die nach der Jahrhundertwende einsetzende Zivilisationskritik zu sein, eine Absage an den Fortschrittsoptimismus des 19. Jahrhunderts, den die Großstadt mit ihrer wirtschaftlichen, sozialen und kulturellen Dynamik symbolisiert. Darauf verweist auch der Titel des Bildes „Die Stadt": Steinhardt stellt keine konkrete Straßenszene dar, sondern sein großstadtkritisches Gefühl. Das unterschied die Expressionisten von den Impressionisten. Es ist allerdings nicht ausgeschlossen, dass Steinhardt die Großstadtszene nur benutzt um den latenten Antisemitismus seiner Zeit anzuklagen. Dafür spricht, dass sich der jüdische Maler, der 1933 nach Palästina emigrierte, am unteren Bildrand links, verborgen hinter einer Hausecke, mit leidenden Gesichtszügen wahrscheinlich selbst portraitierte. Aus schriftlichen Quellen zu Steinhardts Leben wissen wir, dass dieser sich um 1913 mit altisraelischen Themen und Judenpogromen beschäftigte. Der einzelne Mensch ist der Großstadt ebenso ausweglos preisgegeben wie Juden einem Pogrom. Das golemartige Aussehen des Kirchturms am oberen Bildrand rechts würde diese Interpretation stützen.

Vielleicht – darüber sagen die schriftlichen Quellen nichts – hat Steinhardt diese Aussage nicht bewusst beabsichtigt. Das Bild wäre dann auch ein historisches Dokument für etwas anderes: die Furcht vor Judenpogromen. Weil Kunstwerke oft unbeabsichtigt Aussagen zu Fragen ihrer Zeit machen, hat der Historiker Rainer Wohlfeil Panofskys Begriff des „Dokumentsinns" zum Begriff des „Dokumentensinns" erweitert (siehe S. 44). Und es könnte sein, dass wir heute in Kenntnis des Schicksals des Malers und des Verlaufs der deutschen Geschichte im 20. Jahrhundert das Gemälde anders interpretieren, als es die Absicht des Malers war. Das ist nicht illegitim. Die Interpretation eines Kunstwerks ist immer auch eine Kommunikation zwischen dem Kunstwerk und den Betrachtern mit ihren ganz unterschiedlichen Kenntnissen und Erfahrungen.

Interpretations-Hinweise: Anselm Kiefer, Märkischer Sand (1980–82) – Aufforderung zum Nachdenken über Geschichte

Die Malerinnen und Maler unserer Zeit verlangen geradezu die individuelle, auch kontroverse Interpretation ihrer Bilder. Seit den 1970er Jahren zeigt sich in der europäischen Malerei wieder eine Tendenz Geschichte und Zeitgeschichte zum Thema von Bildern zu machen. Anselm Kiefers Auseinandersetzungen mit der deutschen Geschichte sind dafür ein Beispiel.

1982 vollendete Kiefer das Bild „Märkischer Sand" (M 8). Den Bildraum bildet eine flache, zerfurchte Ebene, die durch die Kombination von Farbe und Sand plastisch wird. Am oberen Bildrand geht die Ebene in einen hellen Horizont über, der rechts und links durch die Andeutung von Hügeln bzw. hügeligem Gelände begrenzt wird. Am rechten Bildrand lösen sich die Ackerfurchen in schwärzlichen Flächen auf. Ungefähr in der Bildmitte, zwischen einer helleren Fläche und dem Horizont, ist die Andeutung von Dunst zu sehen. In die zerfurchte Ebene sind (grabstelenähnlich?) aus Papier Tafeln mit Ortsnamen der preußischen und deutschen Geschichte montiert, z. B. Küstrin, Oranienburg, Rheinsberg oder Seelow. Die räumliche Anordnung dieser „Ortsschilder" folgt allerdings nicht der kartografischen Darstellung; ebenso wenig lässt deren Größe auf objektivierbare Angaben schließen, etwa die Einwohnerzahl der Orte. Am oberen Rand findet sich der wie von einem Kind geschriebene Titel „märkischer Sand".

Kiefer hat kein Landschaftsbild, aber auch kein Historienbild im üblichen Sinne geschaffen. Vor der Fertigstellung von „Märkischer Sand" hatte er mehrmals das Motiv der märkischen Landschaft aufgenommen („Märkische Heide", 1981) und sich in einer Folge von Bildern intensiv mit der deutschen Geschichte auseinander gesetzt („Unternehmen Seelöwe", 1975; „Wege der Weltweisheit: die Hermannschlacht", 1978) Wir wissen auch, dass er zu dem Zyklus „Märkischer Sand" durch die Lektüre von Fontanes „Wanderungen durch die Mark Brandenburg" angeregt wurde. Solche Informationen sind wichtig um die Intentionen zu erklären. Ebenso wichtig ist die individuelle Kommunikation des Betrachters mit dem Bild. Welche historisch-politischen Assoziationen wecken die Ortsbezeichnungen bei ihm? Welche preußisch-deutsche Geschichte rekonstruiert er aus dem Bilde? Wie setzt er sich damit auseinander?

In „Märkischer Sand" wirkt der gesamte Innenraum wie ein Gräberfeld oder wie eine riesige Gedenkstätte. Die Verwendung des Materials Sand stützt diesen Eindruck. Die Absicht Kiefers ist jedoch nicht eindeutig. 1990 erklärte er in einem Interview: „Wie es war, wissen wir ja alle nicht; denn es gibt eigentlich keine Geschichtsschreibung, nur Verarbeitung von Geschichte. Und dabei geht der Künstler ganz anders vor als etwa ein Wissenschaftler. Ich versuche auf eine unwissenschaftliche Art in die Nähe des Zentrums zu kommen, von dem die Ereignisse gesteuert werden".[4] Kiefer bildet Geschichte nicht als konkret datierbares Ereignis ab. Die Geschichte ist das Thema seiner Bilder, die er mit den Mitteln moderner Malerei (Montage, Collage, Eigenwertigkeit des Materials) ins Bewusstsein der Betrachter hebt um diese zur persönlichen Auseinandersetzung anzuregen.

M 8 Anselm Kiefer (geb. 1945), Märkischer Sand, 1980–1982, Öl auf Leinwand, Sand, Papier, 330 x 556 cm

4 Zit. nach Ulrich Krempel, Spurensuche und Vergangenheitsbewältigung, in: Monika Wagner (Hg.), Moderne Kunst 2. Das Funkkolleg zum Verständnis der Gegenwartskunst, Reinbek (rowohlt) 1991, S. 645.

Weiterführende Arbeitsanregungen

1 🚶 Denkmäler vor Ort:
Vergleichen Sie die antike Augustus-Statue (M 1) mit Denkmälern aus dem 19. oder 20. Jahrhundert, die Sie in ihrem Ort oder Ihrer Region finden: Legen Sie sich auf ein oder zwei Denkmäler fest, führen Sie eine Begehung durch und analysieren Sie die Denkmäler mithilfe der Interpretationshinweise S. 38 f. Achten Sie insbesondere auf folgende Unterscheidungsmerkmale:
a) äußere Gestalt (Formen, Farben, Größenverhältnisse usw., dargestellte Person/en usw.);
b) gesellschaftliche Bedeutung der dargestellten Personen oder des abgebildeten Ereignisses.
c) Was können Sie aus der Art der Darstellung über die Herrschaftsverhältnisse und gesellschaftspolitischen Leitbilder der Epoche ablesen, in der das Denkmal gestaltet und errichtet wurde?

2 🚶 Besuch einer Gemälde-Ausstellung:
a) Informieren Sie sich darüber, wann und wo in Ihrem Ort oder in der nächst größeren Stadt eine Ausstellung mit Kunstwerken des 20. Jahrhunderts veranstaltet wird; bzw. erkundigen Sie sich nach Museen und Galerien, die in ihren ständigen Ausstellungen Werke der Malerei aus dem 20. Jahrhundert zeigen.
b) Bereiten Sie sich mithilfe Ihres Lehrers oder Ihrer Lehrerin in Gruppen auf das Thema der Ausstellung, die gezeigten Malerinnen und Maler und ggf. die Stilrichtungen/Epochen vor. Informieren Sie in Kurzreferaten Ihre Mitschüler/innen über Ihre Ergebnisse.
c) Besuchen Sie nun die Ausstellung und interpretieren Sie eines der gezeigten Gemälde einzeln oder in Partnerarbeit als historische Quelle. Bereiten Sie Ihre Ergebnisse in Form einer kleinen Hausarbeit oder eine Referats auf.
d) Falls Sie den Ausstellungskatalog zur Hand haben, diskutieren Sie in Kleingruppen anhand eines Beispiels die Wirkung von Originalen und Reproduktionen.

📖 *Tipp: Orientierungspläne*
Fragen Sie vorab im Museum an, ob man Ihnen einige Faltblätter mit Orientierungsplänen zusenden kann. Museen und Gemäldegalerien geben solche Orientierungspläne häufig kostenlos ab.

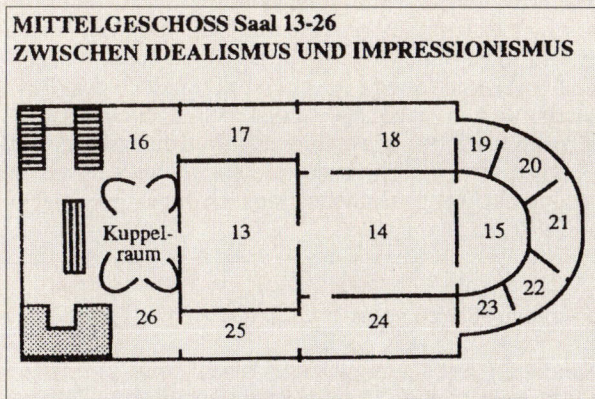

M 9 Auszug aus dem Orientierungsplan einer Gemäldegalerie

6 Architektur erzählt Geschichte:
Zur historischen Interpretation von Bauwerken

Glauben Sie, dass Architektur spricht? Sie tut es. Nicht mit Worten oder Sätzen: mit ihren Formen, dem Aufbau und der Anordnung ihrer Bestandteile, ihrem Material, ihrer Ausstattung. Ebenso wie Sprache ist Architektur ein „Bedeutungsträger" und übermittelt bestimmte Inhalte, nicht zufällig, sondern vorsätzlich – und mindestens so dauerhaft wie das Wort. Allerdings ist es eine Sprache, die man wie eine Fremdsprache in ihren einzelnen Teilen und in ihrem Gefüge lernen und entschlüsseln muss. Grundkenntnisse in dieser Fremdsprache können dazu beitragen die uns überall umgebende Architektur nicht als unveränderliche Größe hinzunehmen, sondern in ihren Absichten zu deuten, mit ihr in Dialog zu treten.

Ansätze zur Interpretation

Architektur spricht. Eine Fremdsprache lernt man am besten, indem man das Land dieser Sprache bereist und dort lebt. Auch die Sprache der Architektur lernt man am besten in der Begegnung. Um ein Bauwerk zu verstehen muss man sich ihm nähern. Zunächst muss man es um- und beschreiben, seine Größe und verschiedenen Formen erfassen, man muss es gliedern wie einen Satz in seine Haupt- und Nebenbestandteile sowie seinen Schmuck. Dann fragt man nach den Funktionen der einzelnen Teile und ihrem Verhältnis zueinander. Dabei muss man sich jedoch vor Augen halten, dass alte Bauwerke, so wie sie sich dem Betrachter heute präsentieren, immer wieder umgebaut, erweitert oder restauriert worden sind. Die Interpretation eines Bauwerks als Ausdruck einer Epoche setzt also die Beschreibung bzw. Kenntnis des epochenspezifischen Zustandes voraus.

Hat man das Bauwerk als solches entschlüsselt, sollte man den Bedingungen seiner Entstehung nachgehen. Wann, wie lange, warum wurde es gebaut, wer waren die Auftraggeber, welche technischen Probleme wurden gelöst, in welcher Beziehung steht es zu anderen, ähnlichen Bauten, gab es Vorbilder oder wurde es selbst zum Vorbild? Zur Beantwortung dieser Fragen geben bei öffentlichen Bauten ebenso wie bei Kirchen oder Rathäusern meist schon die ausliegenden Informationshefte oder Tafeln zur Baugeschichte gute Hinweise.

Anderes muss man sich selbst „ergehen" oder „ersehen". Die mögliche Wirkung der Größe einer Kathedrale zum Beispiel kann man nur ermessen, wenn man sie im Verhältnis zur Größe der umliegenden (bzw. ehemals umliegenden) Bauten betrachtet, die Bedeutung des Rathauses nur dann einschätzen, wenn man seinen Standort an zentraler Stelle berücksichtigt. Das veränderte Image eines Wirtschaftsunternehmens wiederum kann man erst erkennen, wenn das alte und das neue Verwaltungsgebäude im Vergleich gesehen werden.

Die hier aufgeführten Beispiele beschränken sich auf die Repräsentationsbauten der kirchlichen, kommunalen und privatwirtschaftlichen Träger. Neben den mehrschiffigen Kathedralen erzählen aber auch die einschiffigen Pfarrkirchen Geschichte, neben den großartigen mittelalterlichen Rathäusern auch die niedrigen, einräumigen Häuslein an der Stadtmauer und neben den großen Bankpalästen auch die unterschiedlichen Möglichkeiten des sozialen Wohnungsbaus.

Interpretations-Hinweise zu Kirchen im Hochmittelalter: Die Ordnung der Kathedrale

Der historische Kontext. Nach Jahrhunderten der Stagnation, ja des Niedergangs, blühte seit dem 11. Jahrhundert die Wirtschaft in Europa wieder auf. In den wachsenden Städten konzentrierte sich das Handelskapital und ein guter Teil davon floss den Kirchen zu, wo man allen weltlichen Widrigkeiten zum Trotz das Seelenheil zu erlangen hoffte. Und als im 12. Jahr-

M 1 Die Kathedrale von Chartres, Frankreich, Fotografie

hundert die Universitäten entstanden, an denen man sich mühte den Glauben durch die Vernunft zu erklären oder doch zumindest beides in widerspruchsfreien Einklang zu bringen, da wurden Kathedralen konzipiert und erbaut, die gleichzeitig von der Größe Gottes und von der Finanzkraft der Städte Zeugnis ablegten. Die Kathedralen waren in Stein erschaffene Ideen von Gott in der Aufhebung von Zeit und Raum. Die Vorstellung einer Gottesstadt, eines himmlischen Jerusalem, diente als das Vorbild, in dem alles in einem vollkommenen, göttlichen Verhältnis nach Maß, Zahl und Gewicht geordnet war.

Der Grundriss: Kein kompletter mittelalterlicher Bauplan hat sich erhalten, nur hier und da eine Skizze. Wahrscheinlich wurde überwiegend nach empirischen Daten gebaut. Die meist unbekannt gebliebenen Architekten und Baumeister gaben ihre Erfahrung und ihr Wissen über Material und Statik von Bauhütte zu Bauhütte, der Schaltstelle eines jeden größeren Bauwerks, weiter. In Nachbildung des bedeutendsten christlichen Symbols wurde die Kathedrale meist kreuzförmig angelegt und der Altar nach Osten, nach Jerusalem ausgerichtet. Der Schnittpunkt von Längs- und Querachse, die Vierung, trennte Geistliche und Weltliche.

Im Osten, im Chorraum, befolgten die Geistlichen die Vorschriften der Liturgie und zelebrierten die Eucharistiefeier. Im Westen, im Langschiff, erlebte das gemeine Volk die wundersame Wandlung von Brot in Fleisch und Wein in Blut Christi als ein geheimnisvolles Ritual.

Der Innenraum: Die Wände der romanischen Kirchen waren wuchtig und massig, fast ohne Öffnungen und mit nur kleinen, tiefliegenden Fenstern versehen. Bei den gotischen Kathedralen sind die Wände stark gegliedert, die Steinmassen durch luftige Wandelgänge und große Fenstergalerien auf ein Minimum reduziert. Die Wand und Gewölbe stützenden Säulen wurden gleichzeitig zu Trägern bildlicher und skulpturaler Programme. So verkörperten die Säulen die Gestalten des Alten und Neuen Testaments. Die Skulpturen waren mit stets gleich bleibenden, also wieder erkennbaren Attributen ausgestattet und wurden gemeinsam mit den übrigen in Stein gemeißelten Geschichten rund um die Eingangstore zu Vermittlern biblischen Grundwissens. Klarheit und Durchsichtigkeit des Bauprinzips bestimmte den Aufbau

Quellengattungen

M 2 Das Rathaus in Goslar, Fotografie

der gotischen Kirchen. Verfolgt man z. B. die dem Säulenkern vorgelagerten Halbsäulen, die sogenannten Dienste, von der Basis einer einzigen Säule aus, stellt man fest, dass jede einzelne von ihnen zu einem anderen Bauabschnitt geführt wird um dort den Druck von oben bzw. den Schub zur Seite aufzufangen.

„Die Ordnung der Zahlen": Ordnung bedeutete auch eine Ordnung der Zahlen, und Zahlenmystik ist in die gotischen Kathedralen geradezu „eingebaut". Einige Beispiele: Drei ist die Zahl der göttlichen Einigkeit von Vater, Sohn und Heiligem Geist und drei Hauptteile umfasst die Kathedrale – Langschiff, Querschiff, Chor –, dreigliedrig ist meist auch der Wandaufbau – Säulenarkade, Triphorium (echter oder durch entsprechende Säulenordnung vorgetäuschter Laufgang zwischen unteren Arkaden und oberen Fenstern), Obergaden (obere Fenstergalerie). Vier ist die Zahl der Welt: vier Winde, vier Himmelsrichtungen, vier Elemente (Feuer, Wasser, Luft und Erde) und aus vier Säulen besteht die stets wiederholte Grundeinheit des Kirchenbaus, das Joch. Dreimal vier, Himmel und Welt zusammen, bilden den Kosmos. Die Zwölf ist die Zahl der Apostel und zwölf Säulen bilden die Hauptachse der Kirche.

Die Stellung der Kathedralen in der Stadt: Die Länge, Breite und Höhe einer Kathedrale übertraf Jahrhunderte lang jedes andere Gebäude in einer Stadt und nirgendwo sonst traf man innen wie außen auf so vielfältigen Schmuck. Die Bildwerke der Portale, selbst die Kapitelle, die „Köpfe" der Säulen, erzählten die Geschichten des Alten und Neuen Testaments. Trotz ihrer Mächtigkeit und „heiligen" Aura war die Kathedrale in das Alltagsleben der städtischen Bevölkerung einbezogen. Das gilt nicht nur für die Teilnahme an den Prozessionen zu Ehren der vielen Heiligen und des Stadtpatrons. Immer wieder erneuerte Verbote zeigen, dass vor den Pforten der Kathedralen Handel getrieben wurde, denn die Händler erhofften sich von den vielen Gläubigen guten Verdienst und mitunter wurden „zur Abkürzung" des Weges die Schweine ins Querschiff hinein- und auf der anderen Seite wieder hinausgetrieben.

Interpretations-Hinweise zu spätmittelalterlichen und frühneuzeitlichen Rathäusern

Rathäuser, als ein besonderer Typ städtischer Baukunst, entstehen erst im hohen Mittelalter. Anfangs noch einfache Gebäude von mäßiger Größe werden sie nach und nach ein Ort zur Selbstdarstellung des bürgerlichen Gemeinwesens. Neben den vielen Rathäusern aus dem 19. Jahrhundert haben sich vor allem solche aus dem 14. bis 16. Jahrhundert erhalten.

Eine Art „Grundtyp" des spätmittelalterlichen und frühneuzeitlichen Rathauses macht deutlich, wie Wirtschaft und Politik einer Stadt miteinander verflochten waren. Das Rathaus bestand aus einem hallenartigen, zu den Seiten offenen Erdgeschoss und einem Obergeschoss, das über einen äußeren Aufgang, eine seitliche Treppe oder eine beidseitig begehbare Freitreppe auf der Vorderfront erreichbar war. Die Halle im Erdgeschoss beherbergte die Stände bestimmter Händlergruppen, meist der Wandschneider, also derjenigen Kaufleute, die eines der gefragtesten Produkte des Mittelalters, das Tuch, verhandelten. Sie zählten in aller Regel zu den reichsten Familien einer Stadt und zu den die Stadt regierenden Ratsherren. Die Ratsherren tagten im Obergeschoss, das oft in eine große Ratsstube für allgemeine Versammlungen, eine kleine Ratsstube für die Zusammenkünfte des inneren Rates und eine Schreibstube eingeteilt war. Außen wie innen waren die Aufgaben des Rates am Bau ablesbar. Stiegen die Ratsherren ins Obergeschoss hinauf, so endete die erwähnte Treppe meist in einer Art Balkon oder es gab an einer anderen markanten Stelle der Rathausfront einen Ausbau, von dem aus obrigkeitliche Anordnungen verkündet wurden. So wurde in vielen Städten einmal im Jahr das Stadtrecht verlesen, hierarchisch korrekt, von oben nach unten.

War dem Rathaus eine Gerichtslaube angeschlossen, in der Recht gesprochen wurde über mindere Vergehen gegen die städtischen Gesetze, so fand sich dort oft ein Verweis auf das spätere, viel wichtigere himmlische Gericht – gleichzeitig als Anspielung darauf, dass auch die irdischen Richter nach Gottes Ratschluss walteten. Stadtwappen und manchmal auch die Wappen der reichen Familien zierten das Rathaus und machten jedem Bewohner und Gast das hohe Selbstverständnis der ratsfähigen Familien von der Freiheit ihrer Stadt und der Bedeutung ihrer Entscheidungen deutlich. Im Inneren mahnten biblische Szenen und Sinnsprüche die Ratsherren daran ihren Aufgaben nachzukommen, den Frieden der Stadt zu wahren und stets deren Nutzen und Wohl zu mehren. Hohe Gäste der Stadt, z. B. Kaiser, Könige, Bischöfe, empfing man mit vielen Ehrenbezeugungen vor der Stadt und geleitete sie zur Demonstration der eigenen Wehrhaftigkeit durch die meterdick gemauerten, wappen- und bildgeschmückten Stadttore zum politischen Mittelpunkt der Stadt, dem Rathaus. Dort wartete im oberen Saal eine mit teurem Ratssilber gedeckte Tafel auf die Gäste, die bei mehreren Gängen köstlichster Speisen und beim Anblick freskogeschmückter Wände und blitzender Ratsherrenketten die Solidität, Ehrwürdigkeit und das selbstbewusste Gebaren der städtischen Autorität, des Rates, kennen lernten.

Bürohäuser im 20. Jahrhundert: Selbstdarstellung des Industriekapitalismus

In den demokratisierten Massengesellschaften des 20. Jahrhunderts finden sich die Bauten der öffentlichen Körperschaften und der privatwirtschaftlichen Unternehmen an zentralen Plätzen in der Innenstadt. Die Fassaden der kantigen, stählernen Skelettgerüste zeigen in der unzähligen Wiederholung der standardisierten Bauteile die Funktionalität der Massenproduktion. In den Fensterreihen aus reflektierendem Glas werden die Werte der Industriegesellschaft vorgespiegelt: Durchsichtigkeit und Zweckdienlichkeit von Wirtschaftsabläufen, gepaart mit Leistungswillen und Durchsetzungsvermögen.

Dem hoch aufragenden, mit den übrigen Bauten gleicher Art konkurrierenden Machtblock aus Stahl und Glas ist oft ein imposantes Eingangsportal oder eine beeindruckende Empfangshalle vorgelagert, in der ein übersichtliches Leitsystem auf eine Vielzahl einzelner Funktionsabteilungen hinweist. Hochwertige Materialien wie Marmor oder Edelhölzer künden allen Besuchern von Effizienz und Solidität.

Und selbst die immer häufiger zu findenden Skulpturen sind nicht nur Dekoration. Vielmehr vermitteln sie eine Botschaft: In diesem Gebäude, so wird suggeriert, haben nicht nur Geld und Gewinn, sondern auch Kunst und Kultur ihren Platz.

M 3 Bayerische Hypotheken- und Wechselbank, München, Fotografie

Bauelemente als Zeichen der Macht: der Turm

„Die Aufrichtung einer isolierten Vertikalen ist in der Geschichte meist ein Vorgang von symbolischer Bedeutung gewesen."[1] Der Turm, ursprünglich ein Element von Wehranlagen, gilt seit jeher auch als Zeichen der Macht. Er ist ein Zeichen für die Herrschaft über die Menschen, die in seinem Umkreis leben. Daher kann seine Verwendung als Element der Baukunst auch etwas über die soziale Ordnung aussagen, in der Menschen miteinander leben.

Im Bereich der mittelalterlichen Profanarchitektur (d. h. der weltlichen, nicht sakralen Baukunst) galt der Turmbau zunächst als Vorrecht des Adels. Die so genannten Geschlechtertürme dienten besonders bei Familienfehden als sichere Zufluchtsstätten. Mit immer höheren Türmen versuchten sich die Familien in ihren Machtansprüchen zu übertrumpfen, wie z. B. in der oberitalienischen Stadt San Gimignano, in der zeitweilig 72 bis zu 51 m hohe Geschlechtertürme standen. Als die Macht des Adels zurückging und vor allem in den Städten die Herrschaft in die Hände von Kaufleuten und Handwerkern gelangte, wurden Verordnungen erlassen, wie beispielsweise in Florenz im Jahre 1251, die die Höhe der Türme begrenzten. Die städtische Gesellschaft war auf Gleichheit innerhalb der Oberschicht bedacht.

Mit der Entfaltung der bürgerlichen Gesellschaft und der Industrialisierung wird das Rathaus zu jenem Symbol, in dem sich die Machtansprüche des aufstrebenden Bürgertums spiegeln. Türme sind daher nicht zufällig ein festes Element in der Rathausarchitektur des 19. und 20. Jahrhunderts. Die bürgerlichen Bauherren waren häufig darauf aus, mit dem Rathausturm die Höhe der Kirchtürme und damit Macht und Ansehen der Kirche zu übertreffen. Oder sie zielten darauf ab, wie z. B. beim Bau des Berliner Rathauses in den 1860er Jahren, die Höhe der Kuppel des nahe liegenden Stadtschlosses zu überschreiten um damit ihre politischen Ansprüche gegenüber König und Adel zu demonstrieren.

Mit der Industrialisierung beginnt auch die Herrschaft der Hochhäuser und technischen Türme. Der 1889 zur Weltausstellung eröffnete Eiffelturm wird zu einem der bedeutendsten Symbole des technischen Zeitalters. Als erstes modernes Bauwerk übertrifft er die Türme des Mittelalters – nicht nur an Höhe, sondern auch an Leichtigkeit. Ihm folgen einige Jahrzehnte später die Funk- und Fernmeldetürme, so der 1926 eröffnete Berliner Funkturm, und schließlich nach 1945 die ständig wachsende Anzahl der Fernsehtürme. Sie dienen zwar rationalen, technischen Zwecken, sind aber zugleich auch Symbol einer sich weltweit organisierenden Kommunikationsgesellschaft, in der Macht besitzt, wer Kommunikationswege beherrscht.

1 Werner Müller/Gunter Vogel, dtv-Atlas zur Baukunst, Bd. 2, München (dtv) 1981, S. 555.

Weiterführende Arbeitsanregungen

1 Eine Kirche als historische Quelle
Suchen Sie, z. B. mit Hilfe eines Kunstreiseführers, nach einem bedeutenden Kirchenbau (aus Romanik oder Gotik) und untersuchen Sie mit den Interpretationshilfen dieses Arbeitsteils, was das Bauwerk über die Kultur, die soziale Ordnung, die Herrschaftsverhältnisse, die Bedeutung der Religion, die Stellung der Institution Kirche und das Alltagsleben seiner Zeit aussagt. Beschränken Sie sich auf ein oder zwei Leitfragen.

2 Stadterkundung: Bauwerke erzählen Geschichte
Organisieren Sie in Ihrem Ort oder in einer nahe gelegenen größeren Stadt eine architekturgeschichtliche Stadtbegehung. Untersuchen Sie – in Gruppenarbeit – Gebäude, die Ihnen Auskunft über die soziale Ordnung, die Herrschaftsverhältnisse und/oder das Alltagsleben der verschiedenen sozialen Gruppen z. B. im Mittelalter oder in der Kaiserzeit 1871–1918 geben. Erarbeiten Sie aus Ihren Einzelergebnissen gemeinsam eine kleine Gesellschaftsgeschichte Ihres Ortes. Sie können Ihre Ergebnisse auch in Form einer kleinen Ausstellung präsentieren.

Im Einzelnen können Sie wie folgt vorgehen.
a) Legen Sie sich zunächst auf die Epoche fest, die Sie untersuchen wollen.
b) Stellen Sie mithilfe eines Stadtplanes oder aus Ihrer Ortskenntnis heraus eine Auswahl von Gebäuden zusammen, die aus der jeweiligen Epoche stammen.
c) Teilen Sie sich in Gruppen auf. Jede Gruppe übernimmt ein oder mehrere Gebäude.
d) Jede Gruppe formuliert vorab Fragen zu dem jeweiligen Gebäude.
e) Führen Sie nun die Begehung durch. Machen Sie sich Notizen vor Ort; nehmen Sie einen Fotoapparat mit um Ihre Ergebnisse dokumentieren zu können.
f) Tragen Sie Ihre Ergebnisse gegenseitig im Kurs vor.
g) Präsentieren Sie die Ergebnisse ggf. in Form einer kleinen Ausstellung.

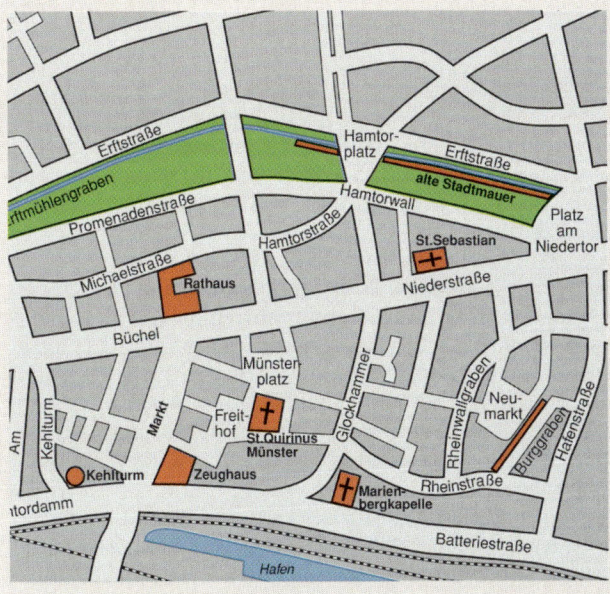

M 4 Auszug aus einem Stadtplan von Neuss, 1996

7 „Dichtung und Wahrheit" – Literatur als historische Quelle

Üblicherweise verwendet die Geschichtswissenschaft schriftliche Quellen, die den direkten Niederschlag historischen Handelns darstellen (Urkunden, Akten) oder doch wenigstens den Anspruch erheben das vergangene Geschehen objektiv darzustellen (Presseberichte, Memoiren). Allerdings enthalten auch alle Werke der fiktionalen, d. h. der so genannten schönen Literatur (Theaterstücke, Gedichte, Romane) stets Hinweise auf ihre Entstehungszeit. Insofern geben auch sie Aufschluss über die Vergangenheit.

Dabei lassen sich drei Typen unterscheiden. Alle drei verbinden sich mit Problemen, die aus ihrem jeweils besonderen Verhältnis zur Geschichte resultieren.

Dokumentarische Literatur

Unter dokumentarischer Literatur verstehen wir Texte, die Autoren und Autorinnen bereits vorgefunden und mit einer bestimmten Absicht ausgewählt und montiert haben. Dabei kann es sich z. B. wie in Peter Weiss' Theaterstück „Die Ermittlung" (1965) um die Protokolle des Frankfurter Auschwitz-Prozesses handeln. Zu den neueren Beispielen dieser Literatur gehört Walter Kempowskis „Echolot" (1993), dessen vier Bände auf über 3 000 Seiten ein vielstimmiges Bild der Monate Januar und Februar 1943 zeichnen: Private Briefe, Rundfunkansprachen, Tagebucheinträge, Befehle, Gerichtsurteile usw., die in diesem Zeitraum entstanden sind, werden in dem Werk unkommentiert aneinander gereiht. Entscheidend bei diesem Verfahren ist die Auswahl und das Arrangement des Materials. Der Schriftsteller lässt sich dabei von seiner Wirkungs- und literarischen Absicht leiten: Eine Quelle wird manchmal abgekürzt – und dadurch in ihrer Aussage abgeschwächt oder gar umgedreht. Darin zeigt sich der Abstand der dokumentarischen Literatur von der Geschichtswissenschaft, wo eine Verkürzung oder Umdrehung von Quellenbefunden nicht zulässig wäre. Zugleich wird damit deutlich, dass diese Literatur zwar aus historischen Quellen schöpft, sie von Historikern aber mit kritischem Abstand benutzt werden muss.

Historische Dichtung

Historische Dichtung behandelt einen Stoff, der geschichtlich vorgegeben ist, sich also tatsächlich ereignet hat. Zum Zeitpunkt der Niederschrift des literarischen Textes ist der Stoff bereits Vergangenheit: Er ist historisch. Allein schon dieser zeitliche Abstand verbietet es, den Inhalt der historischen Dichtung als „schriftliche Quelle" misszuverstehen. Historische Dichtung kann z. B. die Form einer Ballade oder eines Dramas annehmen. Besonders wichtig ist seit dem 19. Jahrhundert der historische Roman geworden. So behandelt etwa Lion Feuchtwanger in seinem Roman „Jud Süß" (1925) den Aufstieg und Fall eines württembergischen Hoffaktors im 18. Jahrhundert. Bei der Lektüre solcher Werke muss man berücksichtigen, dass historische Dichtung nicht geschichtswissenschaftlichen, sondern literarischen Kriterien unterliegt. Daher stehen auch jene Autoren, die sich um Authentizität und Realitätsnähe ihrer Texte bemühen, vor dem Zwang den historischen Stoff so zu gestalten, dass er zur lesbaren Literatur wird, die auch den Erwartungen des Publikums und den jeweiligen Gattungskonventionen gerecht wird. Daraus resultieren drei Probleme:

a) Historische Dichtung ist darauf angewiesen, das historische Geschehen zu *personalisieren*. Die Figuren eines historischen Romans dienen dabei als Träger bestimmter geschichtlicher Ereignisse, Prozesse oder Strukturen. Je lebensnaher allerdings diese Personen als Individuen mit ihren spezifischen Antrieben, Wünschen und Motiven geschildert werden, umso mehr stellt sich die Frage nach ihrer Repräsentativität. Die literarische Darstellung kann nämlich auf den Einblick in das Innere der Charaktere nicht verzichten. Die Figuren eines historischen Romans, auch die historisch nachgewiesenen, weisen immer viele Gedanken, Gefühle und Meinungen auf, die nie in ausreichendem Maße belegt sind. Ein Autor geht bei der Gestaltung seines Personals also immer über die Überlieferung hinaus.

b) Die stets lückenhafte Quellensituation schafft ein weiteres Problem. Vor allem historische Romane erheben den Anspruch den Stoff in seiner Totalität darzustellen. Aber die tatsächlichen Quellen beleuchten oftmals nur einzelne Punkte einer Kette miteinander verbundener Handlungsstränge. Wer also attraktiv und „spannend" erzählen will – d. h. das Geschehen des Romans in eine möglichst lückenlose zeitliche und kausale Sequenz bringen und damit einen Spannungsbogen aufbauen will – ist gezwungen *Erfundenes hinzuzufügen*.

c) Anders als der Historiker, der sich bei der Rekonstruktion der Vergangenheit der Objektivität verpflichtet, bilden für den Verfasser historischer Dichtung *persönliche Wertvorstellungen und Maßstäbe* meist den wichtigsten Ausgangspunkt der Arbeit. Häufig geht es Autorinnen und Autoren darum, Probleme ihrer Zeit zur Diskussion zu stellen und dabei die Historie nur als Kulisse für die Kritik an aktuellen gesellschaftlichen Missständen zu benutzen. Ähnliches gilt auch für historische Unterhaltungsliteratur. Auch hier können Autorinnen und Autoren mit dem Verständnis und der Aufnahmebereitschaft ihrer Leser nur rechnen, wenn sie deren Erwartungen und Normen entsprechen. Die Folge: Historisches Geschehen wird unter einem Blickwinkel geschildert, der der dargestellten Epoche fremd war.

Die literarische Behandlung von Geschichte folgt anderen Gesetzen als eine geschichtswissenschaftliche Arbeit. Aber der einfache Gegensatz von historiografischer und literarischer Gestaltung historischer Sachverhalte löst sich mit zunehmendem Methodenbewusstsein und wachsender Auseinandersetzung mit dem jeweils eigenen Standpunkt zunehmend auf: Zum einen erkennt allmählich auch die Geschichtswissenschaft in ihren Darstellungstexten bloße Konstruktionen, die notwendigerweise über die Quellenbefunde hinausgreifen. Auch Historiker haben erkenntnisleitende Interessen und persönliche Wertmaßstäbe (siehe Kap. 2, S. 16 ff.). Zum anderen bedient sich die Literatur der Moderne zunehmend gebrochener, multiperspektivischer und nicht-erzählender Schreibweisen. Beide Seiten schauen immer schärfer auf die Motivationen, Blickwinkel und Voraussetzungen sowie auf die Grenzen, Schwächen und Schwierigkeiten des Schreibens. Ein eindrucksvolles Beispiel für den möglichen Ertrag dieses Zugangs bildet Alexander Kluges Stalingrad-Roman „Schlachtbeschreibung" (1964/1978).

Sonstige Literatur

Die sonstige Literatur, bei der Entstehungszeit und erzählte Zeit identisch sind, scheint den geringsten Bezug zur Geschichtswissenschaft zu besitzen, weil sie erfundene Geschichten von erfundenen Menschen wiedergibt. Allerdings liegt genau hierin ein großer Vorteil, geben doch alle Werke späteren Lesern Aufschluss über die Lebenswelt jener Vergangenheit, in welcher sie geschrieben wurden und spielen: Sie enthalten Angaben über die alltäglichen Realien wie Kleidung, Möbel oder Mahlzeiten; das „Personal" und deren Handlungen liefern Hinweise auf zeitgenössische Wertvorstellungen, Ideologien und Mentalitäten. Die Minnelyrik des 12. Jahrhunderts etwa eröffnet Zugänge zu den damaligen Vorstellungen von ritterlicher Ehre und den Geschlechterbeziehungen.

Solche Informationen über das, was den Zeitgenossen als „natürlicher", „normaler" Rahmen ihres Verhaltens galt, sind umso wertvoller, als sie gleichsam nebensächlich mitgeteilt werden. Sie sind für die Schriftsteller wie für ihre Leserschaft Selbstverständlichkeiten gewesen, die weniger Aufmerksamkeit beanspruchen als die Konstruktion der Handlung oder die Entwicklung einzelner Figuren. Gerade diese Absichtslosigkeit macht sie zu besonders unver-

Hinweise zum Umgang mit fiktionaler Literatur

Die Weltsicht oder die vorherrschenden gesellschaftlichen Normen einer Epoche sind niemals ungefiltert in literarischen Texten enthalten. Sie werden mitbestimmt von den Absichten des Autors sowie von literarischen Zwängen und Regeln, die sich ihrerseits historisch wandeln. Dieser Tatsache muss man bei der Verwendung solcher Werke als Geschichtsquelle Rechnung tragen. Sinnvoll ist die Differenzierung zwischen drei Analyseebenen, und zwar zwischen dem erzählten Geschehen, dem Erzähler und dem Autor:

1. Das erzählte Geschehen
Auf der ersten Ebene geht es darum, den Inhalt des Textes zu erfassen:
– An welchem Ort, zu welcher Zeit spielt die Handlung?
– Welche Personen treten auf? Was tun sie? Was reden sie? Was denken sie? Was fühlen sie?
– Wodurch sind ihre Handlungen, Überlegungen und Meinungen motiviert und gibt es unter diesen einige, die nicht begründet und gerechtfertigt werden?
– Gibt es Anhaltspunkte dafür, ob bzw. inwieweit das Geschehen und das Personal historisch belegten Vorbildern folgen?

2. Der Erzähler/die Erzählerin
Auf der zweiten Ebene ist zu klären, aus welcher Perspektive erzählt wird:
– Benutzt der Erzähler die erste oder die dritte Person, d. h. ist er Teil der geschilderten Handlung oder nicht?
– Handelt es sich um einen allwissenden Erzähler, der auch das Innere der Figuren kennt, oder ist sein Horizont identisch mit dem ihren?
– Welche Haltung nimmt er zu dem von ihm erzählten Geschehen ein: Verhält er sich neutral, wahrt er ironische Distanz oder ergreift er Partei?
– Wie kommentiert er den Ablauf und die Handlungen und Haltungen einzelner Personen?
– Legt er seine diesbezüglichen Kriterien offen oder geht er davon aus, dass die Leser seine Maßstäbe ohnehin teilen?
– Räumt der Erzähler den fiktiven oder symbolischen Charakter des Geschilderten ein oder betont er eher seinen Wahrheitsgehalt?

3. Die Autorin/der Autor
Auf der dritten Ebene wendet man sich dem Autor oder der Autorin zu:
– Wie sind soziale Herkunft, Bildungsweg und politische Position?
– Welche literarische Konzeption liegt dem Werk zugrunde? Inwieweit wird beansprucht die zeitgenössische Wirklichkeit möglichst naturgetreu abzubilden?
– Welche Gattungskonventionen spielen eine Rolle, was erwartet das Publikum?
– Welchen Abstand besitzt der Verfasser/die Verfasserin zur erzählten Handlung? Schreiben sie aus direktem Erleben, sind sie Zeitgenossen ihrer Figuren, oder spielt das Geschehen in einem ihnen völlig fremden zeitlichen, geografischen oder kulturellen Kontext?
– Welches sind die Quellen, die der Schriftsteller/die Schriftstellerin benutzt hat?

Schon dieser Fragenkatalog weist daraufhin, dass man ohne zusätzliche Informationen biografischer und literaturgeschichtlicher Art nicht auskommt. Eine nur den Text berücksichtigende Interpretation kann daher immer nur der erste Schritt sein. Als zweiter Schritt muss immer der historische Kontext untersucht werden.

dächtigen Zeugnissen. Aber auch hier spielen Gattungsfragen eine Rolle: In der Regel darf man etwa von einem Gesellschaftsroman eine genauere und schonungslosere Abbildung der äußeren Wirklichkeit erwarten als von einem Liebesgedicht. Schließlich sei noch erwähnt, dass auch die literarische Form Auskunft über historische Sachverhalte geben kann. Beispielsweise ist die zersplitterte, den zeitlichen Ablauf aufbrechende Form des Erzählens in Hermann Brochs Roman „Die Schlafwandler" (1931/32) als direkte Reaktion auf den Zerfall der europäischen Ordnung im Ersten Weltkrieg zu interpretieren.

Zum historischen Nutzen literarischer Texte

Zusammenfassend kann man daher sagen, dass paradoxerweise geschichtswissenschaftliche Brauchbarkeit und historische Aussagekraft literarischer Texte mit ihrem Fiktionalisierungsgrad anwachsen: Auf der einen Seite sind rein fiktive Werke weniger durch Vorannahmen – etwa geschichtsphilosophische Spekulationen oder politische Ansichten – belastet als historische Dichtung oder dokumentarische Literatur. Obendrein ist ihr fiktionaler Charakter von vornherein deutlich. Die Gefahr, das Dargestellte als authentische Überlieferung zu interpretieren, ist gering. Auf der anderen Seite muss man Literatur, die auf den ersten Blick eine große Nähe zur historischen Realität zu besitzen scheint, mithilfe anderer historischer Quellen oder der Fachliteratur genauestens überprüfen.

Der Nutzen fiktionaler Texte als Geschichtsquelle liegt weniger in den geschilderten Fakten, Figuren und Handlungen. Dies gilt unabhängig davon, ob diese rein fiktiv oder historisch sind. Denn auch in letzterem Fall sind sie durch literarische Techniken und Konventionen in so großem Maß überformt und verändert, dass eigentlich nur die Art und Weise der Bearbeitung des Stoffs eine authentische Mitteilung über die Vergangenheit enthält. Sie zeigt nämlich, wie der Autor als Vertreter seiner Zeit die in seinen Werken dargestellten Probleme und Entwicklungen wahrgenommen und implizit oder explizit bewertet hat. Literatur enthält also immer Informationen über den – gerade auch unbewussten – Erwartungs- und Denkhorizont ihrer Entstehungszeit.

Es bleibt freilich die offene Frage, inwieweit die dichterisch verarbeiteten Erfahrungen, Ansichten und Überzeugungen der Schriftsteller und Schriftstellerinnen repräsentativ und verallgemeinerbar sind. Wer ein abschließendes Urteil abgeben will, muss weitere Quellen und Materialien heranziehen: Entweder vergleicht man das betreffende Werk mit anderen Texten derselben Epoche oder man zieht Zeugnisse zu seiner zeitgenössischen Rezeption heran, vor allem Rezensionen (kritische Besprechungen) der Bücher.

M 1 Auszug aus dem Roman von Theodor Fontane, Der Stechlin (1898)

Gegen vier war man von dem Ausflug zurück und hielt wieder vor dem „Prinzregenten", auf einem mit Bäumen besetzten Platz, der wegen seiner Dreiecksform schon von alter Zeit her den Namen „Triangelplatz" führte. Die Wahlresultate lagen noch keineswegs sicher vor; es ließ sich aber schon deutlich erkennen, dass viele Fortschrittlerstimmen auf den sozialdemokratischen Kandidaten, Feilenhauer Torgelow, übergehen würden, der, trotzdem er nicht persönlich zugegen war, die kleinen Leute hinter sich hatte. Hunderte seiner Parteigenossen standen in Gruppen auf dem Triangelplatz umher und unterhielten sich lachend über die Wahlreden, die während der letzten Tage teils in Rheinsberg und Wutz, teils auf dem platten Lande von Rednern der gegenerischen Parteien gehalten worden waren. Einer der mit unter den Bäumen Stehenden, ein Intimus Torgelows, war der Drechslergeselle Söderkopp, der sich schon lediglich in seiner Eigenschaft als Drechslergeselle eines großen Ansehns erfreute. „Warum nicht? Bebel ist alt, und dann haben wir den." Aber Söderkopp verstand es auch wirklich die Leute zu packen. Am schärfsten ging er gegen Gundermann vor. „Ja, dieser Gundermann, den kenn ich. Brettschneider und Börsenfilou; jeder Groschen is zusammengejobbert. Sieben Mühlen hat er, aber bloß zwei Redensarten und der Fortschritt ist abwechselnd die ‚Vorfrucht' und dann wieder der ‚Vater' der Sozialdemokratie. Vielleicht stammen wir auch noch von Gundermann ab. So einer bringt alles fertig." […]

Um sechs stand das Wahlresultat so gut wie fest; einige Meldungen fehlten noch, aber das war aus Ortschaften, die mit ihren paar Stimmen nichts mehr ändern konnten. Es lag zutage, dass die Sozialdemokraten einen beinahe glänzenden Sieg davongetragen hatten; der alte Stechlin stand weit zurück, Fortschrittler Katzenstein aus Gransee noch weiter. Im Ganzen aber ließen beide besiegte Parteien dies ruhig über sich ergehen; bei den Freisinnigen war wenig, bei den Konservativen gar nichts von Verstimmung zu merken. Dubslav nahm es ganz von der heiteren Seite, seine Parteigenossen noch mehr, von denen eigentlich jeder dachte: „Siegen ist gut, aber Zu-Tische-Gehen ist noch besser." Und in der Tat, gegessen musste werden. Alles sehnte sich danach, bei Forellen und einem guten Chablis die langweilige Prozedur zu vergessen. Und war man erst mit den Forellen fertig und dämmerte der Rehrücken am Horizont herauf, so war auch der Sekt in Sicht. Im „Prinzregenten" hielt man auf eine gute Marke.

Durch den oberen Saal hin zog sich die Tafel: der Mehrzahl nach Rittergutsbesitzer und Domänenpächter, aber auch Gerichtsräte, die so glücklich waren den „Hauptmann der Reserve" mit auf ihre Karte setzen zu können. Zu diesem Gros d'Armée gesellten sich Forst- und Steuerbeamte, Rentmeister, Prediger und Gymnasiallehrer. […]

Das Offizielle war […] erledigt und eine gewisse Fidelitas, an der es übrigens von Anfang an nicht gefehlt hatte, konnte jetzt nachhaltiger in ihr Recht treten. Allerdings war noch immer ein wichtiger und zugleich schwieriger Toast in Sicht, der, der sich mit Dubslav und dem unglücklichen Wahlausgang zu beschäftigen hatte. Wer sollte den ausbringen? Man hing dieser Frage mit einiger Sorge nach und war eigentlich froh, als es mit einem Male hieß, Gundermann werde sprechen. Zwar wusste jeder, dass der Siebenmühlener nicht ernsthaft zu nehmen sei, ja, dass Sonderbarkeiten und vielleicht sogar Scheiterungen in Sicht stünden, aber man tröstete sich, je mehr er scheitere, desto besser. Die meisten waren bereits in erheblicher Aufregung, also sehr unkritisch. Eine kleine Weile verging noch. Dann bat Baron Beetz, dem die Rolle des Festordners zugefallen war, für Herrn Gundermann auf Siebenmühlen ums Wort. Einige sprachen ungeniert weiter, „Ruhe, Ruhe!", riefen andre dazwischen, und als Baron Beetz noch einmal an das Glas geklopft und nun, auch seinerseits um Ruhe bittend, eine leidliche Stille hergestellt hatte, trat Gundermann hinter seinen Stuhl und begann, während er mit affektierter Nonchalance seine Linke in die Hosentasche steckte.

„Meine Herren. […] Ja, meine Herren, dat kommt davon.' Und wovon kommt es? Von

M 2 Der „Ratskeller" in Rheinsberg, Fotografie, um 1910. – *Der „Ratskeller" ist das historische Vorbild für das Wahllokal „Zum Prinzregenten" aus dem Roman. Der linke Eingang führt auf den Markt, der rechte auf den Triangelplatz.*

den Sozialdemokraten. Und wovon kommen die Sozialdemokraten?"
„Vom Fortschritt. Alte Geschichte, kennen wir. Was Neues!"
„Es gibt da nichts Neues. Ich kann nur bestätigen, vom Fortschritt kommt es. Und wovon kommt der? Davon, dass wir die Abstimmungsmaschine haben und das große Haus mit den vier Ecktürmen. Und wenn es meinetwegen ohne das große Haus nicht geht, weil das Geld für den Staat am Ende bewilligt werden muss – und ohne Geld, meine Herren, geht es nicht" (Zustimmung: „Ohne Geld hört die Gemütlichkeit auf.") –, nun denn, wenn es so sein muss, was ich zugebe, was sollen wir, auch unter derlei gern gemachten Zugeständnissen, anfangen mit einem Wahlrecht, wo Herr von Stechlin gewählt werden soll und wo sein Kutscher Martin, der ihn zur Wahl gefahren, tatsächlich gewählt wird oder wenigstens gewählt werden kann. Und der Kutscher Martin unsers Herrn von Stechlin ist mir immer noch lieber als dieser Torgelow. Und all das nennt sich Freiheit. Ich nenn es Unsinn und viele tun desgleichen. Ich denke mir aber, gerade diese Wahl, in einem Kreise, darin das alte Preußen noch lebt, gerade diese Wahl wird dazu beitragen, die Augen oben helle zu machen. Ich sage nicht, welche Augen."

„Schluss, Schluss!"
„Ich komme zum Schluss. [...] Wir sind besiegt, aber wir sind glorreich Besiegte. Wir haben eine Revanche. Die nehmen wir. Und bis dahin in alle Wege: Herr von Stechlin auf Schloss Stechlin, er lebe hoch!"
Alles erhob sich und stieß mit Dubslav an. Einige freilich lachten und von Molchow, als er einen neuen Weinkübel heranbestellte, sagte zu dem neben ihm sitzenden Katzler: „Weiß der Himmel, dieser Gundermann ist und bleibt ein Esel. Was sollen wir mit solchen Leuten? [...] Ungeheure Dämelei. Wenn wir das große Haus nicht mehr haben, haben wir gar nichts; das ist noch unsre Rettung und die beinah einzige Stelle, wo wir den Mund (ich sage Mund) einigermaßen auftun und was durchsetzen können. Wir müssen mit dem Zentrum paktieren. Dann sind wir egal raus. Und nun kommt dieser Gundermann und will uns auch das noch nehmen. Es ist doch 'ne Wahrheit, daß sich die Parteien und die Stände jedesmal selbst ruinieren. Das heißt von ‚Ständen' kann hier eigentlich nicht die Rede sein; denn dieser Gundermann gehört nicht mit dazu. Seine Mutter war 'ne Hebamme in Wrietzen. Drum drängt er sich auch immer vor."

Theodor Fontane, Der Stechlin (1898), Stuttgart (Reclam) 1996, S. 219–227.

Beispiel-Interpretation zum Roman-Auszug von Theodor Fontane, Der Stechlin (1898)

1. Das erzählte Geschehen

Der Text schildert den späten Nachmittag und Abend während der Reichstagswahl im preußischen Wahlkreis Rheinsberg(-Wutz). Eine Zeitangabe wird nicht gemacht. Der Leser muss davon ausgehen, dass das Geschilderte in der Entstehungszeit des Romans, also der zweiten Hälfte der 1890er Jahre spielt. Anhaltspunkte gegen diese Annahme gibt es nicht.

Offensichtlich nehmen nur drei Parteien an der Wahl teil: die Konservativen, der Fortschritt und die Sozialdemokraten. Letztere gewinnen vor den Konservativen. Die Reaktionen der Konservativen werden im Rahmen eines geselligen Treffens ausführlicher gezeichnet.

Die äußere Handlung ist gering, im Grunde werden nur nacheinander verschiedene Standpunkte geäußert, zunächst vom Sozialdemokraten Söderkopp, danach von den Konservativen Gundermann und Molchow. Ansatzweise erhält man Informationen zur Sozialstruktur beider Parteien: Der SPD-Kandidat ist Arbeiter (Feilenhauer), sein „Intimus" (enger Vertrauter) Drechslergeselle; seine Wählerschaft rekrutiert sich aus den „kleinen Leuten". Präziser ist dagegen die soziale Zusammensetzung der Konservativen (wenn auch nicht ihrer Wählerschaft) umrissen. Ihre Nachwahlveranstaltung wird allein von Rittergutsbesitzern und Beamten besucht. Als Unternehmer und Spekulant, Letzteres behauptet zumindest Söderkopp, bildet Gundermann eine Ausnahme in der Konservativen Partei. In der verächtlichen Bemerkung Molchows über ihn wird deutlich, wie sehr in diesem Kreis die traditionelle Wertschätzung adliger Geburt weiter gültig bleibt. Er empfindet den Redner als Emporkömmling, da dessen Mutter nur eine Hebamme war. Überhaupt befasst sich der überwiegende Teil des zitierten Abschnitts mit der konservativen Versammlung. Dabei wird zweierlei hervorgehoben: zum einen die überraschend gelassene Stimmung des gescheiterten Kandidaten Dubslav von Stechlin, der Parteimitglieder und -anhänger; zum anderen eine gewisse Resignation, die in den Statements von Gundermann und Molchow deutlich wird, so, als fühlten sich die Konservativen vom Kaiser und der Regierung im Stich gelassen. Uneinig sind sich die beiden konservativen Protagonisten über die Frage, ob und inwieweit der Reichtag mit Blick auf konservative politische Interessen überhaupt als Institution wichtig ist. Gundermann – übrigens für viele Anwesende und offensichtlich auch für Sozialdemokrat Söderkopp eine lächerliche Figur – verurteilt ihn wegen des allgemeinen Männerwahlrechts als „Abstimmungsmaschine" und hält ihn für den Untergang der Konservativen Partei. Molchow hingegen sieht im Reichstag eine positive Einrichtung, denn allein „das große Haus mit den vier Ecktürmen" sichere ihre politische Mitsprache. Er schlägt deshalb ein Bündnis der Konservativen mit dem Zentrum vor. Ansonsten spielen Aspekte politischer Strategie keine Rolle. Das Verfahren der Reichstagswahl wird mit Gundermanns Beitrag gestreift, der die wichtige Frage des Wahlrechts anspricht. Gundermann klagt, dass auch ein einfacher Kutscher das passive – und

M 3 Theodor Fontane im Jahre 1890.
– *Kreidezeichnung von Fritz Werner*

man wird als Leser annehmen können: auch das aktive – Wahlrecht besitze. Realitätsnähe wird darüber hinaus durch die Erwähnung August Bebels erzeugt, der einzigen historischen Figur in diesem Auszug. Dies gilt auch für die Ortsangaben, denn die Kleinstadt Rheinsberg der preußischen Provinz Brandenburg existiert ebenso wie der Triangelplatz (M 2).

2. Der Erzähler

Der Erzähler berichtet in der dritten Person, er ist nicht allwissend, denn er legt die Gedanken und Gefühle der Figuren nicht offen. Allenfalls bringt er die allgemeine Stimmung zum Ausdruck („Jeder dachte", „Alles sehnte sich danach,"). Eine wichtige Rolle spielt das gesprochene Wort, da sich die Personen selbst und gegenseitig über ihre Äußerungen charakterisieren.

So überlässt es der Erzähler weitgehend den Figuren, die Beiträge Gundermanns zu kommentieren: Sie unterbrechen ihn, parodieren ihn (z. B. Söderkopp) oder widersprechen ihm (z. B. Molchow). Dennoch hält sich der Erzähler nicht völlig zurück. Seine Bewertung Gundermanns geht z. B. aus der Stelle hervor, an der er für ihn das Wort „affektiert" benutzt.

3. Der Autor

Theodor Fontane (1819–1898) stammt aus dem hugenottischen Bürgertum und wollte ursprünglich wie sein Vater Apotheker werden (M 3). Stattdessen arbeitete er seit seiner Niederlassung in Berlin (1844) zunächst eher journalistisch, bevor er dann 1878 mit dem Schreiben von Romanen begann. Den „Stechlin" verfasste er in den Jahren unmittelbar vor seinem Tod, als er bereits ein erfolgreicher und relativ wohlhabender Schriftsteller war. In literarischer Hinsicht war Fontane ein führender Vertreter des Realismus. Zum poetischen Programm des Realismus gehörte vor allem die Gattung des Gesellschaftsromans, der eine möglichst genaue Abbildung aktueller gesellschaftlicher Entwicklungen und Kräfte geben sollte. „Der Stechlin" gehört zu dieser Gattung. In der Tat hatte Fontane erklärt die Wahlepisode nach einem realen Vorbild gestaltet zu haben, nämlich nach der Reichstagsersatzwahl im Wahlkreis Ruppin-Templin im Jahre 1896, zu dem auch die in dem Auszug erwähnten Orte Rheinsberg und Gransee gehörten. Wie im Roman war dort tatsächlich der konservative Abgeordnete gestorben und eine Nachwahl notwendig geworden. Die Presse, insbesondere die konservative „Kreuzzeitung", berichtete ausführlich über dieses Ereignis. Fontane selbst gehörte dieser Zeitung von 1860 bis 1870 als Redakteur an und las sie regelmäßig bis zu seinem Tod. Fontane wird also die Nachwahl detailliert verfolgt haben. All dies spricht dafür, dass Fontane einerseits eine Darstellung der Wahl geben wollte und konnte, die in ihren Details stimmig ist und nicht von vornherein als wirklichkeitsfremd abgetan werden kann. Andererseits aber entspricht die von ihm beschriebene Gemütsverfassung der Konservativen weitgehend seiner eigenen politischen Position während der letzten zwei Jahrzehnte seines Lebens, als er dem Kaiser und der Reichsregierung zunehmend kritischer gegenüberstand. Er präsentiert Dubslav von Stechlin und einige seiner Mitstreiter als Prototypen des gemäßigt konservativen, dabei jovialen und humanen Adligen, der in vielerlei Hinsicht Fontanes eigene politische Vorstellungen formuliert. Fontanes Ideal verband sich zumindest in der Zeit, als er am „Stechlin" arbeitete, mit einer verklärten Vorstellung vom „alten" Preußen: ein Land harmonischer Beziehungen zwischen den verschiedenen sozialen Gruppen und Ständen, deren Staatsgesinnung von Pflichterfüllung und Patriarchalismus getragen wurde. Beim deutschen Adel, vor allem beim Hochadel und am kaiserlichen Hof unter Wilhelm II. vermisste er dieses tugendhafte, „alte" Preußen, wie es im Roman der märkische Landadlige Dubslav von Stechlin verkörpert. So erklärt sich denn auch, wieso Fontane der Diskussion konservativer Ansichten vergleichsweise viel Raum einräumt, während der Fortschritt nur dreimal kurz erwähnt wird und die Sozialdemokraten vorwiegend von ihrer skurrilen Seite gezeigt werden. Fontane selbst hatte seinen doppelten Anspruch, ein Abbild der Wirklichkeit zu liefern und zugleich gesellschaftlich-moralische Kritik zu üben, mit folgenden Worten ausgedrückt: Er ziele mit dem Roman auf eine „Gegenüberstellung von Adel, wie er bei uns sein sollte und wie er ist".

Zusammenfassende Analyse und Interpretation

Zur Aussagekraft des vorliegenden Romanauszugs als Geschichtsquelle lässt sich zusammenfassend feststellen: Zunächst ist auffällig, worüber man nichts oder nur wenig erfährt. Der Ablauf einer Reichstagswahl und ihr verfassungsrechtlicher Rahmen wird allenfalls angedeutet und das exakte Ergebnis der Stimmenauszählung bleibt im Dunkel. Die verfassungsmäßige Funktion des Reichstags wird ebenfalls kaum deutlich, ein pauschaler Hinweis auf das Budgetrecht muss reichen. Auch die Organisation der Konservativen Partei wird nicht genauer dargestellt; immerhin lässt der Textausschnitt den Schluss zu, es handele sich bei ihr wenigstens auf Wahlkreisebene um eine Honoratiorenpartei. Jedoch wird die Leserschaft des „Stechlin" solche Informationen, die historisch interessant sind, gar nicht nötig gehabt und erwartet haben; Fontane dürfte zu Recht von ihrer Entbehrlichkeit ausgegangen sein.

Detaillierter wird dagegen die Sozialstruktur ihrer Mitglieder- und engeren Anhängerschaft charakterisiert, welche entweder Rittergutsbesitzer, Domänenpächter oder Angehörige des Staatsapparates umfasst. Diese Mitteilung steht durchaus im Einklang mit den Ergebnissen der Geschichtswissenschaft. Die historische Wahlforschung hat darüber hinaus festgestellt, dass der Schwerpunkt der Konservativen im Wilhelminischen Reich eindeutig in den agrarisch geprägten Regionen Ostelbiens mit seiner überwiegend protestantischen Bevölkerung lag. Der im Roman Rheinsberg-Wutz und in der Realität Ruppin-Templin heissende Wahlkreis weist genau diese Eigenschaften auf. Tatsächlich konnten die Konservativen bei den Reichstagswahlen der 1890er Jahre stets die relative Mehrheit im Kreis Ruppin-Templin gewinnen.

Allerdings liegt Fontanes Absicht gar nicht darin, solche sozialökonomischen oder politischen Daten zu präsentieren. Er nutzt sie lediglich um seiner Erzählung eine authentischen Anstrich zu verleihen. Ihm geht es eher um die Schilderung einer ganz bestimmten konservativen Gemütsverfassung, welche das Ende der ihr vertrauten und sie privilegierenden Verhältnisse befürchtet. Bezeichnenderweise wird ja auch bei der Schilderung der konservativen Zusammenkunft der einzige fassbare politische Vorschlag, das von Molchow angeregte Bündnis mit dem Zentrum, weder von einer Romanfigur noch vom Erzähler kommentiert. Dafür aber ist, obwohl die Ansprache Gundermanns einen großen Textanteil ausmacht, die Atmosphäre zunehmender Geselligkeit und Behaglichkeit sehr sorgfältig ausgeführt. So zeigen sich erneut auch in dem Auszug aus dem „Stechlin" zugleich Stärke und Schwäche der Literatur als Geschichtsquelle überhaupt: Aus literarischen Werken lassen sich zumeist nicht die historisch gegebenen Handlungsmöglichkeiten herauslesen, sondern eher deren Rahmenbedingungen, zu denen besonders auch die vorbewussten Normen einer bestimmten Zeit und eines bestimmten Milieus (einer durch soziale und Bildungsmerkmale abgegrenzten Schicht oder Gruppe) zählen. Gerade deren Schilderung aber ist niemals unbeeinflusst vom politischen und ideologischen Standpunkt der Schriftsteller oder der Schriftstellerinnen.

Fontanes Zeitgenossen waren jedoch überzeugt, dass er die Wirklichkeit seiner Zeit mit hoher Präzision getroffen habe. Dies belegen die meisten zeitgenössischen Besprechungen des „Stechlin", dessen Darstellungsweise etwa in einer Rezension der „Straßburger Post" vom 25. Oktober 1898 als „modern realistisch" bezeichnet wurde. In der Renzension heißt es weiter: „Alles das, was er [Fontane] schildert, hätte genau so passieren können, wie er es schildert, nichts ist unmöglich, nichts unwahrscheinlich. Nur zweimal ist uns auf den 517 Seiten ein kleiner Verstoß gegen das wirkliche Leben aufgefallen: Es gibt in Preußen keine ‚Ministerialassessoren' und der schwedische Punsch ist kein heißes Getränk, sondern ein kaltes."

Nun hatte Fontane selbst die dichterische Freiheit über die Nähe zur historischen Realität gestellt – wenn es ihm aus literarischen oder persönlichen Erwägungen heraus sinnvoll schien: In einer älteren Fassung des „Stechlin" ist der jüdische Rechtsanwalt Katzenstein aus Gransee als Reichstagskandidat des Fortschritts der wichtigere und am Ende siegreiche Gegenspieler Dubslavs von Stechlin. Als die wirkliche Wahl im Kreis Ruppin-Templin von Gotthold Lessing ebenfalls für den Fortschritt gewonnen wurde, befürchtete Fontane, man könne den tatsächlichen Kandidaten aufgrund der Darstellung im Roman ebenfalls für einen Juden halten. Da Fontane jedoch ein Jahrzehnt lang für die „Vossische Zeitung" gearbeitet hatte, die dem Vater des Kandidaten Lessing gehörte, meinte er dem Vater des Kandidaten einen Gefallen tun zu müssen und veränderte seinen Roman. Um jegliche Identifizierung Gotthold Lessings mit dem „semitischen Rechtsanwalt Katzenstein" auszuschließen, ließ er die Fortschrittspartei nach der Überarbeitung in den Hintergrund treten und machte stattdessen die Sozialdemokraten zum Hauptgegner der Konservativen. Auch in solchen Details zeigt sich: Fiktionale Texte bieten stets mehr als eine platte Wiederspiegelung der Realität.

Weiterführende Arbeitsanregungen

1 Literatur klassifizieren:
Ordnen Sie Ihnen bekannte Romane, Erzählungen, Theaterstücke und Gedichte den drei oben unterschiedenen Literaturtypen zu (siehe S. 56 ff.).

2 Literatur als historische Quelle – Pro und Contra:
In der Darstellung S. 56 wurde gesagt, dass beim Umgang mit fiktionaler Literatur als Geschichtsquelle Vorsicht geboten sei. Wo liegen jedoch die Vorteile der literarischen Darstellung historischer Sachverhalte gegenüber ihrer fachwissenschaftlichen Darstellung?

3 Literatur und historische Dimensionen:
Welche Teildisziplinen und historischen Dimensionen der Geschichtswissenschaft (siehe Kap. 2, S. 17 f.) können am meisten, welche am wenigsten von der Verwendung literarischer Quellen profitieren? Begründen Sie ihre Auswahl.

4 Recherchieren:
Welche ergänzenden Quellen und Sekundäruntersuchungen schlagen Sie vor um die historische Genauigkeit des zitierten Fontane-Textes zu überprüfen? Recherchieren Sie in einer größeren Bibliothek.

5 Einen literarischen Text interpretieren:
Wählen Sie einzeln oder zu zweit einen Roman, eine Erzählung, ein Theaterstück oder ein Gedicht aus, das als historische Quelle zur Leitfrage und zum Thema Ihres momentanen Kursunterrichts in Geschichte passt. Lesen Sie den Roman usw. durch und wählen Sie einen Ausschnitt für eine schriftliche Interpretation (siehe Fragen S. 58). Tragen Sie die Ergebnisse Ihrer Gesamtlektüre und der Interpretation im Kurs vor. Erarbeiten Sie nach Abschluss der Einzelreferate gemeinsam, welche neuen Aspekte und Perspektiven sich durch die Auswertung der literarischen Zeugnisse für Ihr Kursthema ergeben haben.

6 Theaterbesuch:
Informieren Sie sich über die Spielpläne der Theater an Ihrem Ort oder in der nächst gelegenen größeren Stadt. Suchen Sie sich ein Stück aus, von dem Sie meinen, dass es sich für die Arbeit in Ihrem Kurs Geschichte eignen könnte. Informieren Sie sich über das Stück. Bereiten Sie den Besuch organisatorisch (Spielzeiten, Fahrverbindungen mit öffentlichen Verkehrsmitteln, Preisnachlässe für Schülergruppen) und inhaltlich (Fragen formulieren) vor. Werten Sie das Stück nach dem Besuch mit Blick auf Ihr Kursthema und Ihre Fragen aus.

M 4 Auszug aus dem Spielplan des Berliner Ensembles (Bertolt-Brecht-Theater), Mai 1998

8 „Geschichte mit dem Zeichenstift": die Karikatur

Als „Geschichte mit dem Zeichenstift" bezeichnet der Historiker Hans Dollinger die Karikatur. In der Tat, Karikaturen stehen immer in Bezug zu realen Personen, Geschehnissen oder Zuständen und damit zur Geschichte im weitesten Sinne. Denn der Karikaturist nutzt diese Wirklichkeit um sie verzerrend zu verändern und ihr eigentliches Wesen bloßzulegen. Damit interpretiert und beurteilt er sie um eine bessere Wirklichkeit, eine Gegenwelt, sichtbar zu machen.

Die Karikatur will Eigenheiten, Schwächen oder Fehler von Personen, gesellschaftlichen Gruppen und Institutionen durch Überzeichnung der Lächerlichkeit preisgeben, dadurch angreifen und verletzen. Aber nur, wenn die Verzerrung die Wirklichkeit noch wieder erkennen lässt und nicht zur reinen Fiktion (etwas rein Vorgestelltem) wird, behält jene ihr Wesen als Karikatur und damit ihre Fähigkeit in ihrer spezifischen Weise zu wirken. Die Empfindung des Lächerlichen ergibt sich dabei aus dem Widerspruch zwischen dem jeweiligen Zerrbild und den allgemein anerkannten ästhetischen Normen „des Schönen und Wohlgeformten".

Zur Geschichte der Karikatur

Schon in der Antike und im Mittelalter gab es satirische und verzerrende Darstellungen von Personen und Vorgängen, doch schaffte erst die europäische Neuzeit (16.–20. Jh.) die Bedingungen, unter denen sich Absichten und Wirkungsmöglichkeiten der Karikatur voll entfalten konnten. Die Karikatur braucht die Öffentlichkeit, die erst durch den Buchdruck ab etwa 1500 und damit die massenhafte Vervielfältigung von Bildern entstanden ist. Sie braucht ein Schönheitsideal des Wahren und Schönen, wie es seit der Renaissance am Vorbild der griechisch-römischen Antike herausgebildet worden ist um durch seine Verzerrung überhaupt verletzen zu können. Sie benötigt schließlich die kontroverse, öffentliche Diskussion und den Willen breiter Bevölkerungsschichten zur Emanzipation, d. h. der Gleichberechtigung um in der politischen und sozialen Auseinandersetzung Stellung nehmen zu können.

So erfährt zu Beginn des 16. Jahrhunderts, während der Reformation und des Bauernkriegs, die Karikatur eine erste Blüte, wenn auch nur in allegorischer (sinnbildlicher) oder grotesker Form, d. h. am Rande des Wirklichkeitsbezugs. Ihren eigentlichen Charakter findet die Karikatur nach weit verbreiteter Meinung aber erst im 17. Jahrhundert durch die städtische Kultur Italiens. So hat sie auch von dem italienischen Wort caricare in der Bedeutung von „übertreiben, verzerren" ihren Namen erhalten. Im 18. Jahrhundert erfuhr die Karikatur in der bürgerlichen Gesellschaft Englands geradezu einen Boom. Karikaturen wurden jetzt auch in öffentlichen Ausstellungen – anfangs jedoch nur anonym – gezeigt.

Die Französische Revolution von 1789 löste dann einen weiteren Aufschwung der Karikatur aus. In deren Gefolge wurde das gesamte 19. Jahrhundert mit seinen Revolutionen zu der Epoche *der* Karikatur. Im ersten Drittel des Jahrhunderts entstanden in Frankreich die berühmten bürgerlichen Satirezeitschriften „La Caricature" und „Charivari", in der Mitte des Jahrhunderts der englische „Punch", in Deutschland im letzten Drittel der sozialdemokratische „Wahre Jakob" und der bürgerlich-liberale „Simplicissimus". Auflagenzahlen können Hinweise auf die öffentliche Verbreitung der in der Karikatur ausgedrückten Anschauungen geben.

Über die Wirkungsweise von Karikaturen

Wenn wir heute eine Karikatur zu Gesicht bekommen, dann bringt sie uns im Moment des Anschauens zum Lachen. Diese Wirkung erzielt „ihr offener, fasslicher Charakter, ihre ästhetische Evidenz und ihr inhaltlicher Reiz", zudem die Verwendung bestimmter, wiederkehrender Elemente bzw. Symbole wie der Kopf als Birne (M 1) oder Figuren/Personen für bestimmte Völker. Erkennen wir nicht recht schnell ihre Absicht, dann ist ihre Wirkung dahin. Dieser unmittelbare Erkenntnisakt kann uns bei früheren Karikaturen, je weiter entfernt, umso seltener gelingen. Hier liegt auch eines der Hauptprobleme bei der Interpretation älterer Karikaturen: Während uns der tagespolitische Kontext meist präsent ist, müssen wir ihn uns im Falle historischer Karikaturen erst erschließen. Aber die Mühe lohnt sich. Denn weit mehr als andere Quellen sind Karikaturen in der Lage ein Problem auf seinen Kern zu reduzieren.

Zum Umgang mit Karikaturen und Interpretations-Hinweise zu Daumier, Gargantua (1831)

Am Anfang der Interpretation von Karikaturen stehen dabei die schon formelhaften Fragen: Wer sagt was, wann, zu wem, mit welchen Mitteln, mit welcher Wirkung? Je nach unserem Erkenntnisziel kommen Leitfragen hinzu wie: Absicht des Künstlers? Historisches Umfeld? Und schließlich: Aussage der Karikatur? Diese Aussage zu erkennen und historisch-kritisch zu beurteilen ist schließlich das Hauptziel im Umgang mit Karikaturen.

Die Karikatur „Gargantua" (auf den französischen König Louis-Philippe, der 1830–1848 regierte; M 1) verweist durch ihre Benennung auf die gleichnamige Hauptfigur des satirischen Romans von François Rabelais (1534) und damit auf eine anerkannte französische Tradition zur spottenden Kritik. Daumier brachte die Karikatur wegen Beleidigung des Königs eine sechsmonatige Haftstrafe ein, die er erstaunlicherweise in einer Irrenanstalt verbüßen musste.

Daumier war aber bekanntermaßen nicht geisteskrank. Deshalb drängt sich die Frage auf, was an der Karikatur so verletzend, entlarvend und damit gefährlich war, dass der Staat auf diese seltsame Weise reagierte. Um die Frage zu beantworten muss man wissen (siehe Lexika), dass Louis-Philippe als König des Großbürgertums insbesondere wegen der Ablehnung der Pressezensur 1830 eingesetzt worden war. Daumier nun stellt ihn bereits 1831 als lächerliche Ausbeuterfigur auf einem Thron wie einem Klo dar, aus dem den Beamten Privilegien, den Großbürgern Zuwendungen zukommen, während von höhnisch grinsenden Steuereintreibern die den Arbeitern und Bürgern abgepressten Abgaben in den Riesenkönig über seine leguanartige Zunge gefüllt werden. Der feiste Körper hat dürre Beine, die ihn wohl kaum tragen können. Und oben darauf der Kopf als Birne, eine dem König geradezu verhasste Karikierung. Für diese Verhöhnung seiner Herrschaft und die Entstellung seiner Person musste Daumier bestraft werden. Aber wegen der Zusicherung der Pressefreiheit konnte man Daumier nicht ins Gefängnis schicken, also sperrte man ihn in eine Irrenanstalt. So blieb die Pressefreiheit (äußerlich) unverletzt. In ihrer Wirkung aber haben die Karikatur und die dahinterstehende Kritik sowie die Bestrafung Daumiers langfristig die Herrschaft Louis-Philippes destabilisiert.

M 1 Honoré Daumier (1808–1879), Gargantua, 1831, Lithografie. – *Die Zeichnung war für die Zeitschrift „La Caricature" bestimmt, blieb aber unpubliziert, da das Blatt vorab beschlagnahmt wurde.*

Weiterführende Arbeitsanregungen

1 Eine Karikatur interpretieren:
Interpretieren Sie mithilfe der Hinweise im Darstellungstext und der Beispiel-Interpretation eine Karikatur aus Ihrem Schülerbuch zu einem Thema, das Sie gerade im Unterricht behandeln.

2 🚶 Karikaturen im Vergleich:
Besorgen Sie sich einige Tageszeitungen und suchen Sie nach einer Karikatur, die auf eine heutige Herrscherfigur oder Herrscherin abzielt. Interpretieren Sie mithilfe der Hinweise im Darstellungstext Thema, Stilmittel und Aussage der Karikatur. Vergleichen Sie mit der Karikatur von Honoré Daumier aus dem 19. Jahrhundert (M 1) und arbeiten Sie Gemeinsamkeiten und Unterschiede heraus. Inwieweit haben sich Karikaturen von Herrscherfiguren heute im Vergleich zum 19. Jahrhundert gewandelt?

3 🚶 Karikaturen zeichnen:
Versetzen Sie sich in einen bestimmten Zeitraum des 19. oder 20. Jahrhunderts, am besten in einen Zeitabschnitt, den Sie gerade gemeinsam im Unterricht behandeln. Stellen Sie sich nun vor, Sie seien als Karikaturist bei einer satirischen Zeitschrift angestellt. Zeichnen Sie aus der Perspektive des Zeitgenossen bzw. der Zeitgenossin eine Karikatur zu einem politischen Ereignis. Präsentieren Sie Ihre Ergebnisse im Kurs und lassen Sie Ihre Werke von den Mitschülerinnen und Mitschülern erläutern.

4 🚶 „Das Jahr X im Spiegel der Karikatur":
Gehen Sie in das Stadtarchiv oder die Stadtbibliothek Ihres Ortes und schauen Sie mehrere Jahrgänge einer älteren Zeitung oder Zeitschrift nach Karikaturen durch. Informieren Sie sich vorab in einem historischen Handbuch, Ihrem Schülerbuch oder in Jahreschroniken über die grundlegenden politischen, wirtschaftlichen, sozialen und kulturellen Entwicklungen des Jahres/der Jahre, die Sie untersuchen wollen. Wählen Sie einige Karikaturen aus und gestalten Sie mithilfe von Kopien der Zeichnungen ein Poster unter der Überschrift „Das Jahr X/die Jahre X bis X im Spiegel der Karikatur" (nachfragen bei der Bibiliotheks- bzw. Archivaufsicht, ob und wie Sie Kopien anfertigen können). Präsentieren Sie Ihre Auswahl im Kurs. Gestalten Sie zum Schluss aus allen Postern eine kleine Ausstellung und schreiben Sie zu jedem Poster einen kleinen Begleittext.

M 2 „Bilanz in Bildern 1989" (Auszug), Karikaturen aus dem Tagesspiegel vom 31. Dezember 1989

9 Historische Karten und Geschichtskarten

Karten in unserem Alltagsleben

In unserer Lebenswelt sind Karten ein alltägliches Medium. Redakteure von Presse und Fernsehen stellen Kartenskizzen für eine bessere räumliche Orientierung zur Verfügung. Auch Tourismus ist ohne Karten unvorstellbar.

Die Vorzüge kartografischer Darstellungen liegen auf der Hand: Karten sind anschaulich, übersichtlich, sie reduzieren Tatsachen und Erscheinungen auf das Wesentliche. „Auf einen Blick" eröffnen sie uns eine dichte Fülle von Informationen über Raumstrukturen und deren zeitliche Zustände oder Verläufe. Die Prägnanz ihres Erscheinungsbildes ist das Resultat ziel- und zweckbestimmter Arbeit von Kartenautor/innen. Karten übermitteln Raumerfahrungen, Machtstrukturen, Weltbilder. Durch Karten „wird die Formenvielfalt des menschlichen Lebensraumes eingegrenzt, die Welt begehbar gemacht. Karten laden zu Augenspaziergängen ein, sie setzen Fantasie frei und verschieben Erfahrungshorizonte. Das vereinfachte Bild der Erde erzeugt neue Anschauungen …"[1]

Karten der Antike

Karten sind ein Spiegel der Weltkenntnis und Weltanschauung und zählen zu den ältesten Kulturgütern der Menschheit. Frühe Funde sind jedoch rar. Aufsehen erregte ein in Ton gravierter Plan der babylonischen Stadt Nippur (im heutigen Irak). Entstanden um 3500 v. Chr., zeigt er Ummauerung, Stadttore, Gebäude, den Lauf des Euphrat und angelegte Kanäle; Keilschrift präzisiert einzelne Objekte. Die Nippur-Karte bekundet Kartentypisches, nämlich die Absicht Herrschaftsräume zu beschreiben, aber auch Geplantes abzubilden. Das große Interesse Räume politisch, militärisch, wirtschaftlich und kulturell zu beeinflussen oder zu beherrschen, aber auch das Bestreben die Welt besser zu erkennen und zu beschreiben bestimmten das Kartenschaffen. Besondere Leistungen erbrachten in der Antike vor allem Griechen, Römer und Chinesen, z. B. Hekataios (um 500 v. Chr.), Strabo (ca. 63 v. Chr.–26 n. Chr.), Ptolemäus (um 100–nach 160 n. Chr.) und Chang Heng (ca. 2. Jh. n. Chr.). Sie schufen Küstenbeschreibungen (griech. *periploi*), Straßenbeschreibungen (lat. *itinerare*), Globen und Landkarten. Ihre Werke gingen zwar weitgehend verloren, doch wird in schriftlichen Quellen von ihrem Schaffen berichtet.

Karten des Mittelalters

Die Kartenzeugnisse des europäischen Mittelalters knüpfen kaum an das antike Wissen an. Sieht man von den relativ genauen Seekarten (Portolane) ab, schufen mittelalterliche Kartenzeichner, oft Kleriker, vorrangig Ideenbilder einer Gotteswelt. Auf so genannten Radkarten (M 1) gruppierten sie die bekannten Kontinente Europa, Asien und Afrika um das „Himmlische Jerusalem", wie z. B. bei der Ebstorfer Weltkarte, die um 1339 für das nahe Lüneburg gelegene Kloster geschaffen wurde. Diese Karten verfolgten nicht das Ziel exakte Informationen zu liefern. Das Besondere war vielmehr, dass sie über Symbole die Welt erklären wollten, wobei man das Irdische und das Himmlische, Diesseits und Jenseits als *eine* Welt verstand.[2]

---

[1] Gerald Sammet, Der vermessene Planet, Hamburg (Gruner & Jahr) 1990, S. 5.
[2] John Goss, Karten – Kunst. Die Geschichte der Kartographie, Braunschweig (Westermann) 1994, S. 36.

Quellengattungen

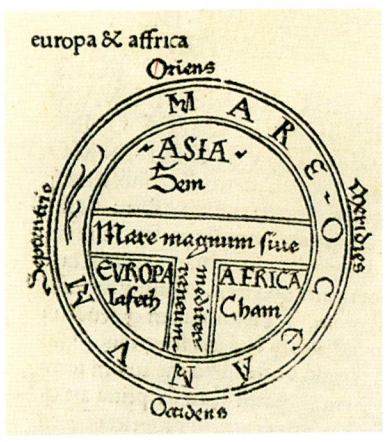

M 1 Radkarte mit T-O-Schema aus der „Etymologiae" des Bischofs Isidor von Sevilla, entworfen ca. 770, erstmals abgedruckt 1472. – *Die Karte stellt in typisch mittelalterlicher Weise die Welt dar. Der Erdkreis ist vom ozeanischen Strom umflossen. Dies wurde durch den Buchstaben O verdeutlicht. Dem O war ein T eingeschrieben. Das T teilte die Welt in die drei damals bekannten Erdteile Europa, Afrika, Asien. Der senkrechte Balken stellt das Mittelmeer dar, der waagerechte die großen Ströme Don und Nil*

Karten der Neuzeit

Die Neuzeit mit ihren Entdeckungsreisen, der Erfindung von Buchdruck und Kupferstich veränderte auch die Kartografie (M 2). Weltbeschreibungen (lat. *cosmographiae*) wurden mit immer genaueren, dem neuesten Stand der geografischen Erkundungen entsprechenden Karten ausgestattet, wie z. B. von Sebastian Münster (1488–1552). Aber erst im 19. Jahrhundert fanden jene Entwicklungen statt, die Experten veranlassten vom „Zeitalter der Kartografie" zu sprechen: die Herausbildung von modernen Nationalstaaten mit ihren verfeinerten statistischen Erhebungen von Flächen und Einwohnerzahlen, Gewerbestandorten und Straßennetzen sowie typografischen und kartografischen Neuerungen.

M 2 Karte aus dem Reisebuch von Theodor de Brys „Amerika oder die Neue Welt aus der Sicht der Europäer", 1597

Der Unterschied zwischen historischen Karten und Geschichtskarten

Historiker unterscheiden zwischen historischen Karten und Geschichtskarten. *Historische Karten* sind Produkte der Vergangenheit und spiegeln den Stand der Erkenntnisse und Weltsichten der jeweiligen Zeit wider (M 1, M 2, M5). Sie werden wie schriftliche Quellen und Gemälde als Primärquellen betrachtet und ihre Erschließung erfolgt weitgehend in Anlehnung an das für diese Gattungen festgelegte methodische Vorgehen. *Geschichtskarten* hingegen stellen die Vergangenheit aus der Sicht des gegenwärtigen Wissenschaftsstandes dar und sind mit der Sekundärliteratur zu vergleichen (M 4). Für diese Karten wurden besondere Klassifikations-, Darstellungs- und Erschließungsverfahren entwickelt.

Klassifikation und Darstellungselemente von Geschichtskarten

Geschichtskarten, definiert als maßstäblich verkleinerte, vereinfachte und verebnete Grundrissbilder geografischer Räume, werden auf vierfache Weise klassifiziert. Je nach *Verwendungszweck* werden sie als Wandkarten, Atlaskarten, Lehrbuchkarten oder Computerkarten hergestellt. Ihre *Darstellungsgegenstände* umfassen alle Dimensionen der Geschichte: Politikgeschichte, Wirtschafts- und Sozialgeschichte oder Kulturgeschichte. Der *modellierte Raum* bezeichnet den gewählten Ausschnitt, also beispielsweise die Welt, Erdteile, Staaten oder Regionen. Das *Strukturniveau* schließlich zeigt an, wie viele Informationsebenen die Karte vereinigt: Analytische Karten stellen eine überschaubare Situation zu einem Zeitpunkt oder einem engen Zeitraum dar, z. B. die territoriale Gliederung Europas um 1550; komplexe Karten umfassen immer einen längeren Zeitraum (sie werden daher auch Entwicklungskarten genannt) und bieten ein vielfältiges Spektrum von Inhalten, wie z. B. eine sehr komplexe Karte zur industriellen Entwicklung Europas um 1850 (M 4).

Eine Geschichtskarte ist kein reales Bild, sondern eine Kunstsprache, die von Autor/innen aus vielen Zeichen zusammengesetzt wird und die „übersetzt" werden muss (M 3).

Kartenelement	Signatur	Bedeutung
Punkt	• ○ ⊙	Einzelerscheinungen (Siedlungen, historische Zentren u. Ä.)
Linie	—— ---- →	Grenzen, Bewegungsrichtungen (Reisewege, Kriegszüge, Wanderungen u. Ä.)
Farbe		Gebietsausdehnungen, Ordnung (Gliederung, Betonung, Entwicklung)
Fläche		Mengen- und Artunterschiede
Symbol	x ♛	Bildhafte Darstellung historischer Ereignisse
Schrift	KGR. SACHSEN Kfm. Sachsen Dresden	Objektbenennung Schriftart und -größe als Ordnungsfaktor

M 3 Darstellungselemente von Geschichtskarten

Quellengattungen

Fragen zur Analyse und Interpretation von Geschichtskarten

Jeder, der sich mit Geschichtskarten beschäftigt, greift auf bereits vorhandene, d. h. entweder selbst- oder über Karten gewonnene Raumerfahrungen zurück. Unser Gedächtnis gleicht also einer „privaten Kartothek", die gefüllt ist mit „mental maps". Der Umgang mit neuen Karten und Raumerfahrungen schafft auch neue „Karten im Kopf".

Die Arbeit mit Geschichtskarten gliedert sich in drei Phasen:

1. Orientierung:
– Welcher Gegenstand wird für welche Zeit und welchen Raum dargestellt?
– Studium der Zeichenerklärung: Welches Zeichen hat welche Bedeutung?

2. Befunderhebung und Analyse:
– Was ist für welchen geografischen Raum dargestellt?
– Was ist für welchen Zeitpunkt oder Zeitraum dargestellt?
– Was ist wie verteilt (quantitativ, qualitativ)?

3. Karteninterpretation:
– Welche Ursachen, welche Entwicklungen und welche Folgen lassen sich aus den Einzelbefunden ablesen? Welche Rolle spielen dabei Raumstrukturen und Entfernungen?
– Welche weitergehenden Schlüsse lassen sich aus der Kartenanalyse ziehen?
– Wo liegen die Grenzen hinsichtlich der Aussagefähigkeit der Karte? Welche thematischen, quantitativen, chronologischen und räumlichen Aspekte fehlen?

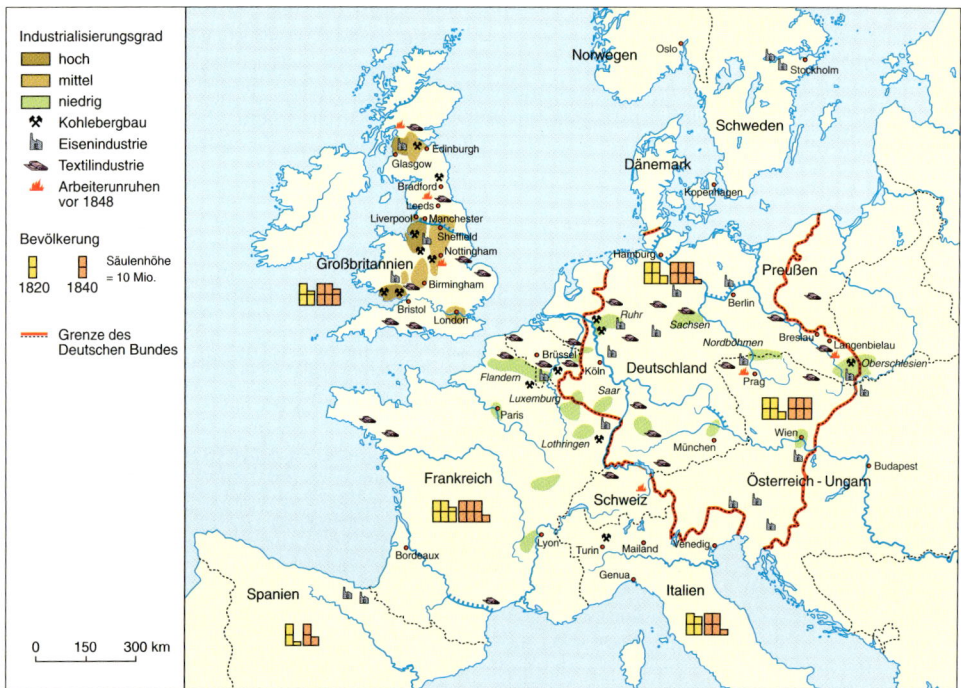

M 4 Industrielle Entwicklung in Europa um 1850

1 Interpretieren Sie M 4 ausgehend von den Fragen oben mit Blick auf den Grad der Industrialisierung in Deutschland, England und Italien um 1850. Achten Sie vor allem darauf, bei welchen Einzelerscheinungen Sie Entwicklungen ablesen können und bei welchen lediglich Zustände.

M 5 Weltkarte aus einem englischen Psalter (Gebetbuch), 13. Jh.

1 Erläutern Sie mithilfe der Darstellung S. 69 die wichtigsten Elemente der Weltkarte M 5. Welche Weltvorstellung spiegelt sie wieder?
2 Vergleichen Sie die Karten M 5 und M 2 Welche Veränderungen stellen sie aus kartografischer und kulturgeschichtlicher Sicht fest?

Weiterführende Arbeitsanregungen

1 Mittelalterliche und frühneuzeitliche Karten:
a) Transkribieren Sie die Schriftzeichen der Karte M 1 und tragen Sie sie mit deutscher Bedeutung in eine schematische Skizze der Karte ein. Erläutern Sie, inwieweit die Radkarten einen Abriss des mittelalterlichen Weltbildes darstellen.
b) Versuchen Sie die dargestellten Personen in M 2 zu identifizieren. Untersuchen Sie ausgehend von M 2, inwieweit sich die Kartografie und das Weltbild im 16. Jahrhundert veränderten.

2 Geschichtskarten zeichnen:
a) Fertigen Sie ausgehend von den Angaben der folgenden Tabelle und den Hilfen in M 3 eine Geschichtskarte zur Ausbreitung der Universitäten im Mittelalter an.
b) Begründen Sie die Auswahl der verwendeten Zeichen.
c) Diskutieren Sie über die Vor- und Nachteile tabellarischer und kartografischer Darstellungen.

Universitätsgründungen

vor Ende des 12. Jh.	Orleans	Erfurt	Pisa
Bologna	Padua	Ferrara	Perugia
Montpellier	Palenzia	Florenz	Prag
Oxford	Piacenza	Fünfkirchen	Rom
Paris	Salamanca	Grenoble	Siena
Reggio	Sevilla	Heidelberg	Treviso
Salerno	Toulouse	Huesca	Valladolid
	Vercelli	Köln	Wien
im 13. Jh.	Vicenza	Krakau	
Anger		Lerida	
Arezzo	*im 14. Jh.*	Ofen	
Cambridge	Avignon	Orange	
Lissabon	Cahors	Pavia	
Neapel	Coimbra	Perpignon	

3 „Karten im Kopf":
Erstellen Sie eine Übersicht, wo Sie in Ihrem Schul - und Alltagsleben mit Karten konfrontiert werden. Belegen Sie die Beispiele, sofern möglich, mit Kopien. Diskutieren Sie im Kurs anhand der kopierten Kartenvorlagen (oder einer Karte, die Sie auf Folie gezogen haben) darüber, ob man die jeweilige Karte auch anders hätte gestalten können und welche inhaltlichen Verschiebungen und Perspektivenwechsel sich daraus möglicherweise für das Thema ergeben (für diese Aufgabe eignen sich insbesondere politische Karten aus der Tages- und Wochenpresse).

4 Besichtigung historischer Karten „vor Ort":
Informieren Sie sich darüber, ob in Ihrem Orts- oder Stadtarchiv oder in einem nahe gelegenen Museum historische Karten vorhanden und zu besichtigen sind. Falls ja, stellen Sie vorab ein Liste der Titel zusammen. Bereiten Sie sich auf die entsprechenden historischen Epochen vor und organisieren Sie einen Besuch. Interpretieren Sie vor Ort einzeln oder in Gruppen die historischen Karten und werten Sie ihre Ergebnisse im Unterricht aus.

5 Mit Karten Stadtgeschichte erforschen:
Machen Sie sich auf die Suche nach alten Plänen ihrer Stadt (zu finden in Darstellungen zur Geschichte Ihres Ortes, in Stadtbibliotheken, im Stadtarchiv; fragen Sie auch Ihre Eltern oder Großeltern). Schreiben Sie anhand eines Vergleichs der Karten (oder eines Kartenausschnitts) eine kleine Geschichte Ihres Ortes für den Zeitraum, über den die Karten Auskunft geben.

10 Das Plakat oder „Die aufgehängte Geschichte"

Überall Plakate

Trotz aller Macht der elektronischen Medien an der Wende vom 20. zum 21. Jahrhundert – über unsere Bilder im Kopf herrschen auch die altbekannten Plakate, das „Medium der gegenwärtigen Kommunikationsgesellschaft" (Brockhaus). Aufgehängt an Litfaßsäulen, mehr oder weniger riesigen Anschlagtafeln, an Hauswänden, Laternenmasten oder Bäumen lenken sie unsere Blicke auf die werbenden Botschaften aus Wirtschaft, Kultur und Politik und versuchen sie mit unseren bewussten oder unbewussten Wünschen zu verbinden.

Ein Plakat (M 1) zeigt die Freiheitsstatue von New York, abgebildet unter den Umrissen der Landkarte der USA, alles auf lichtem Himmelblau; hier werden Freiheit, Leichtigkeit und Weite signalisiert; oben rechts, geradezu an den Rand gedrückt, das Zeichen der werbenden Fluggesellschaft – der Lufthansa, die Tickets verkaufen will.

Aufgrund dieser Wechselbeziehung zwischen Werbenden und Umworbenen spiegelt das Plakat alle Lebensbereiche der Menschen. Plakate enthalten Informationen zur politischen Geschichte, zu Einstellungen und Mentalitäten sowie zum alltäglichen Lebensvollzug. Plakate sind damit „aufgehängte Geschichte" bzw. *l'histoire épinglée*, wie es der Titel eines französischen Buches über das Plakat formuliert.

M 1 Herbert W. Kapitzki, Lufthansa, 1962, Plakat, Frankfurt/Main

Die Anfänge des Plakats

Das Plakat verdankt – wie auch die Karikatur – seine Entstehung der Erfindung des Buchdrucks und der Entwicklung des Holzschnitts im 15. Jahrhundert. Es dient der Bekanntmachung und Werbung als Anschlag, Handzettel, Flugblatt oder Wandzeitung, sei es für amtliche Veröffentlichungen, wirtschaftliche Produkte oder kulturelle Ereignisse. Von seinen Funktionen und der Art seiner Verbreitung hat das Plakat in den verschiedenen europäischen Sprachen seinen Namen: Das deutsche Wort kommt vom Niederländischen *plakkaat* im Sinne von Edikt oder behördlicher Anschlag, das seinen Ursprung im französischen *plaquer* = belegen, bekleiden, überziehen hat. Im Französischen ist das Wort *affiche* gebräuchlich, im Englischen das Wort *poster*.

Schriftplakat und Bildplakat gingen schon früh eine enge Verbindung ein, die immer auch künstlerisch gestaltet war. Bereits 1491 entstand das erste gedruckte Bildplakat des Niederländers Gheraert Leeu als Buchwerbung, eines der ersten deutschen Plakate lud 1501 zum Kölner Schützenfest ein.

Das Plakat im Zeitalter der Industrialisierung

M 2 **Henri de Toulouse-Lautrec (1864–1901), Ambassardeur. Aristide Bruant dans son cabaret, 1892, Paris**

Seine eigentliche Wirkung und Bedeutung als ein unmittelbar verständliches und möglichst viele Menschen erreichendes Medium erlangte das Plakat jedoch erst durch den Industrialisierungs- und Demokratisierungsprozess seit Ende des 18. Jahrhunderts. Für den bedeutenden italienischen Plakathistoriker Max Gallo kennzeichnen Plakate die Geschichte unserer Industriegesellschaft „wie Wegmarkierungen einen Waldweg".

So scheint auch die Erfindung der Lithografie (Steindruck) durch Alois Senefelder um 1798 kein zeitlicher Zufall zu sein. Diese Drucktechnik ermöglichte neben einer besseren Vervielfältigung auch eine erweiterte künstlerische Gestaltung: großflächige Farbdrucke sowie eine dichte Verbindung von Bild und Schrift. Die Aussagen der Plakate konnten jetzt einfacher und zugespitzter, somit appellhafter und leichter aufnehmbar werden. In der Mitte des 19. Jahrhunderts entfaltete der Franzose Jules Chéret nach Studien in England diese neuen Möglichkeiten der Lithografie. Er setzte den Dreifarbendruck, Stilmittel aus der Malerei und leuchtende Farbeffekte ein und konzentrierte die Darstellung auf wenige wesentliche flächenbeherrschende Elemente und Bildmotive.

Seine entscheidende, bis heute bestimmende Prägung erhielt das Plakat am Ende des 19. Jahrhunderts durch den Franzosen Henri de Toulouse-Lautrec (M 2) und in dessen Gefolge durch den Engländer Aubrey Beardsley. Beide hatten eine intensive Auseinandersetzung mit der japanischen Malerei geführt und brachten deren stilistische Eigenheiten des Flächigen und Linearen in die Plakatgestaltung ein. Durch die scharfe Kontrastierung von Flächen und Linien erreichten sie eine noch stärkere Verknappung des Ausdrucks und eine äußerst enge Verbindung von Schrift und Bild. Das Plakat wurde durch diese Leistung zur anerkannten eigenständigen Kunstgattung: der Gebrauchsgrafik. Druck und Vervielfältigung wurden seit etwa 1893 zusätzlich durch die neue Technik des Lithografie-Flachdrucks wesentlich erleichtert.

Das Plakat wurde jetzt zur Modeerscheinung. Dies zeigten die ersten größeren Ausstellungen wie die internationale Plakatausstellung in London 1894. Plakatsammlungen entstanden, Spezialzeitschriften wurden gegründet.

Zu den bedeutendsten Plakatkünstlern nach der Jahrhundertwende zählten der in Paris wirkende Tscheche Alphonse Maria Mucha, der Schweizer Théophile-Alexandre Steinlen, in Deutschland – vor allem auch vom Jugendstil geprägt – Zeichner wie Thomas Theodor Heine vom „Simplicissimus", Ludwig Hohlwein in München und Lucian Bernard in Berlin. Bernard schuf das moderne „Sachplakat", auf dem nur ein Verkaufsartikel großflächig mit knappem Text und intensiven Farben dargestellt war. Durch die Vereinfachung des Plakatbildes sollte dessen Wahrnehmung im verwirrenden Stadtbild mit seinem dichter und schneller werdenden Verkehr erleichtert werden.

Plakatkunst und Wirkung von Plakaten im 20. Jahrhundert

Im 20. Jahrhundert erhielt das politische Plakat durch die revolutionären Bewegungen am Ende des Ersten Weltkrieges neue Impulse, wie z. B. 1917 in Russland, 1918/19 in Deutschland oder 1919/20 in Ungarn. Künstler der damaligen Avantgarde wie der russische Konstruktivist El Lissitzky entwarfen Plakate für die Revolution um die Massen rational wie emotional zu ergreifen. Diese Entwicklung zur Massenmobilisierung durch Plakate hatte ihre Vorbereitung bereits durch die offiziellen Kriegspropaganda- und Kriegsanleiheplakate zwischen 1914 und 1918 erfahren. Auch zwischen den Weltkriegen beeinflusste die künstlerische Avantgarde die Plakatkunst in hohem Maße. Mit dem Collage- und Fotomontageplakat bildete sich zudem eine ganz neue Richtung heraus, zu deren hervorragendsten Vertretern der Deutsche John Heartfield zählte. Die neuen Ausdrucksmittel verliehen auch dem wirtschaftlichen und kulturellen Plakat einen erneuten Aufschwung. Berühmt ist z. B. das Plakat des Amerikaners E. McKnight-Kauffer zum Film „Metropolis" von Fritz Lang (1929). Künstler des „Bauhauses" in Weimar und Dessau entwickelten einen sachlich-konstruktiven, ganz auf signalhafte Assoziationen zielenden Stil.

M 3 Hurra eine Pfaff, 1954, Plakat, Kaiserslautern

In den zwanziger und dreißiger Jahren entstanden eigene Werbeabteilungen in Großbetrieben und Warenhäusern sowie spezielle Werbeagenturen. Das allerdings setzte einen Prozess der Anonymisierung des Werbeplakats in Gang, der nach dem Zweiten Weltkrieg auch das politische Plakat erfasste und ihm den Vorwurf der „Waschmittelreklame" eintrug. Das kulturelle Plakat dagegen vermochte sich auch weiterhin in seiner persönlich verantworteten Gestaltung und damit künstlerischen Eigenständigkeit zu behaupten. Dies belegen z. B. Plakate von Pablo Picasso, die eigens als Kunstwerke konzipiert worden sind.

Im letzten Viertel des 20. Jahrhunderts wurden unter dem Einfluss von Op Art und Pop Art vor allem die Plakate des US-Amerikaners Andy Warhol berühmt. Diese Entwicklung zeigt die künstlerische Innovationsfähigkeit der Plakatgestaltung, die auch den kommerziellen Zwecken dienenden anonymen Plakaten neue Ausdrucksmöglichkeiten zur Verfügung stellte. Parallel wurden beim politischen Plakaten neue Akzente durch Parteien wie „Die Grünen" gesetzt, die ein Ende der matten, inhaltlich nahezu austauschbaren Plakate der drei etablierten Parteien in Deutschland anzudeuten scheinen.

Neben den drei ursprünglichen Anwendungsbereichen des Plakats existiert verstärkt seit dem späten 19. Jahrhundert eine sozialkritische Richtung. Zu ihren hervorragendsten Vertretern zählen beispielsweise die bereits erwähnten Théophile-Alexandre Steinlen und Thomas Theodor Heine vor dem Ersten Weltkrieg, John Heartfield, Käthe Kollwitz und George Grosz in der Zwischenkriegszeit, in den siebziger und achtziger Jahren z. B. Klaus Staeck oder Klaus Wittkugel.

Quellengattungen

Politische wie sozialkritische Plakate leben zu einem guten Teil vom Angriff auf gegnerische Gruppen und deren Positionen. Gerade in dieser Funktion bedienen sie sich auch der Mittel der Satire und Karikatur. Das Angriffsplakat steht dabei jedoch in der Gefahr zur Verunglimpfung und zur Hass- und Feindbilderzeugung missbraucht zu werden. Einen Höhepunkt erlebte diese im Ersten Weltkrieg begonnene Entwicklung unter der nationalsozialistischen Herrschaft. Aber auch die scheinbar neutralen Werbeplakate der Wirtschaft stehen in der Gefahr Vorurteile zu befördern bzw. zu befestigen, beispielsweise das Bild des „unzivilisierten Schwarzen" (M 3).

Das Plakat ist auf Massenwirksamkeit angelegt. Es muss sich dem Betrachter im Verkehr der Städte überall und jederzeit aufdrängen. Das Plakat hat damit etwas Anarchisches an sich. Mit seiner flutartigen Verbreitung und seinen propagandistischen Botschaften vor allem im Zuge revolutionärer Entwicklungen erweist sich dieses Medium auch stetig als Unruhestifter. Sehr bald griffen daher Regierungen und Behörden disziplinierend ein: 1824 wurden in London fahrbare Säulen eingesetzt; 1854, fünf Jahre nach dem preußischen Plakatgesetz, schloss der Drucker Ernst Theodor Amadeus Litfaß mit dem Berliner Polizeipräsidenten einen Vertrag über „öffentlichen Zettelaushang an Säulen und Brunneneinfassungen", was dann zur Aufstellung der sogenannten „Litfaßsäulen" führte. Auch heute gibt es immer wieder Zeiten, in denen die Plakate „wild" an alle erreichbaren Flächen geklebt werden wie in früheren Wahlkämpfen oder in den Universitäten seit der Studentenbewegung von 1968. Aber im Normalfall stehen heute Anschlagtafeln bereit, die Ort und Platzumfang festlegen und begrenzen.

Auch wenn das Plakat möglichst viele Menschen erreichen will, so ist nicht gesagt, dass jedes Plakat unmittelbar auf Massen einzuwirken vermochte. Die Skepsis, ja Ablehnung, auf die revolutionäre Avantgardeplakate Anfang dieses Jahrhunderts bei der Mehrheit der Arbeiter stießen, und die ungeheure Wirksamkeit der Kriegsanleiheplakate trotz schwerer Bedrückungen 1916/17 sind nur Beispiele für die sehr unterschiedliche Breitenwirkung.

Über den Umgang mit Plakaten

Fragt man nach der Wirkung eines Plakats, nach seiner Beeinflussung unserer Sehgewohnheiten und nach seiner historischen Bedeutung, gelten überwiegend die generellen Fragen an Bildquellen:
1 *Wer ist der Gestalter/die Gestalterin?*
2 *Wer ist ggf. der/die Auftraggeberin?*
3 *Wann wurde das Plakat produziert?*
4 *Welche Mittel wendet der Gestalter/die Gestalterin an? Enthält das Plakat Stereotype und Feindbilder?*
5 *An wen wendet sich das Plakat?*
6 *Welche Absicht wird verfolgt?*
7 *An welchen Orten wurde das Plakat aufgehängt, wie stark war es verbreitet?*
8 *Sind Reaktionen des Publikums bekannt, falls ja, welche?*

Stellen wir mentalitätsgeschichtliche Fragen, gilt es Folgendes herauszufinden:
9 *An welche Einstellungen, (geheimen) Wünsche und Vorstellungen knüpfen die Macher des Plakats an?*

Stehen kulturkritische Fragen zur Diskussion, dann kann folgende Frage wichtig werden:
10 *Welche neuen künstlerischen Impulse werden gesetzt?*

Weiterführende Arbeitsanregungen

1 🚶 **Foto-Projekt: Politische und wirtschaftliche Plakat-Werbung in Vergangenheit und Gegenwart**
a) Fotografieren Sie in kleinen Gruppen politische und wirtschaftliche Werbeplakate in Ihrem Ort.
b) Präsentieren Sie Ihre Aufnahmen in Form eines Posters oder einer kleinen Wandzeitung.
c) Vergleichen Sie mit politischen bzw. wirtschaftlichen Plakaten aus folgenden Epochen:
   – Kaiserzeit (M 2, M 4 sowie Kap. 2, S. 19, M 2 b) oder
   – Weimarer Republik (M 5, M 6) oder
   – Zeit des Nationalsozialismus (M 7 sowie Kap. 13, S. 95, M 3).
Welche wirtschafts- bzw. politikgeschichtlichen Entwicklungen lassen sich aus der Gegenüberstellung ablesen?
d) Formulieren Sie einen Begleittext für Ihr Poster, in dem Sie die Ergebnisse Ihres Vergleichs festhalten.

M 4 Plakatentwurf mit Spendenaufruf für ein Bismarck-Nationaldenkmal, 1909

M 5 Plakat der Rotterdam-Süd Amerikalinie, 1926

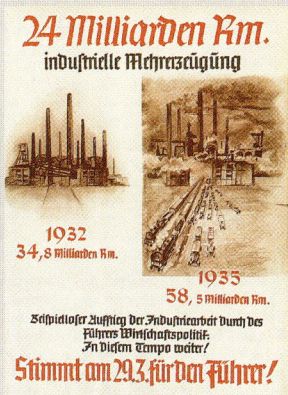

M 6 Plakat zu dem von NSDAP und DNVP durchgeführten Volksbegehren gegen den Young-Plan, 1929

M 7 Wahlplakat der NSDAP zur Reichstagwahl 1936

11 Die Welt der Zahlen: Zum Umgang mit Statistiken

Warum sind Zahlen für Historiker wichtig?

In unserer alltäglichen Lebenswelt, beim Zeitunglesen oder Fernsehen, sehen wir uns zunehmend mit Zahlenreihen über die wirtschaftliche Entwicklung, über Einstellungen in der Bevölkerung oder über das Wahlverhalten konfrontiert. Dabei wollen Statistiken nicht nur informieren, sondern auch Meinungen belegen und Meinungsbildung steuern.

Im 19. und bis weit ins 20. Jahrhundert hinein haben viele Historiker ihre Hauptaufgabe in der Beschreibung staatspolitischer und militärischer Ereignisse gesehen, meist verbunden mit dem Ziel vorbildliche Verhaltensweisen und Wertmuster zu formulieren. Sie untersuchten vor allem Absichtserklärungen und Taten großer Politiker sowie Äußerungen von Angehörigen der Oberschichten, die sich in einem Großteil der schriftlichen Quellen niedergeschlagen haben. Aber spätestens mit den 1970er Jahren, in Frankreich schon seit den 1920er Jahren, hat sich dieses Interesse gewandelt. Seither stehen z. B. Entwicklung und Wirkungen eines Herrschaftssystems und dessen kritische Beurteilung im Zentrum des Forschungsinteresses. Um auf diese Fragen Antworten zu finden reichen die herkömmlichen Methoden nicht aus. Denn, um bei dem Beispiel zu bleiben, Herrschaft stützt sich nicht nur auf „Männer, die Geschichte machen", sondern auch auf Unterschichten, deren wirtschaftliche Voraussetzungen, auf konkrete Arbeits- und Lebensumstände. Seit sich das Forschungsinteresse solchen Fragen zugewandt hat, gewinnt der Umgang mit statistischen Materialien für die Geschichtswissenschaft zunehmend an Bedeutung. Denn sie können zum Teil besser als bildliche, schriftliche oder gegenständliche Quellen hierüber Auskunft geben.

Für Historiker sind Zahlen jedoch nur eine Quelle unter vielen und häufig entgeht demjenigen, der ausschließlich mit Zahlenreihen arbeitet, die Erfassung und Analyse von Entwicklungen, die nicht in Zahlen gefasst worden sind. Nur weil z. B. über die Arbeit von Frauen oder frauentypische Tätigkeiten kaum Statistiken vorliegen, heißt dies lange noch nicht, dass es sie historisch nicht gegeben hat. Ähnliches gilt für die Geschichte von Ländern ohne lange statistische Tradition; insbesondere für Staaten aus der „Dritten Welt" liegen häufig erst seit den 1960er Jahren Daten vor. Auch Statistiken, so „objektiv" sie auf den ersten Blick erscheinen, sind also immer Ausschnitte und Vereinfachungen von komplexen Zusammenhängen.

Zahlen zur Geschichte des Mittelalters und der frühen Neuzeit: Zahlen werden gemacht: Insbesondere für das Mittelalter, die frühe Neuzeit und weite Teile des 19. Jahrhunderts stellen Statistiken oftmals Komprimierungen von Quellen unterschiedlichster Herkunft dar, die Wissenschaftler zusammengestellt haben. Sie können Hochrechnungen oder begründete Schätzungen enthalten, wie z. B. mittelalterliche und frühneuzeitliche Zahlen zur Bevölkerungsentwicklung. Es handelt sich dabei um ein legitimes wissenschaftliches Verfahren, nur sind solche Ergänzungen ausdrücklich anzuzeigen. Statistiken aus diesen Jahrhunderten sind aus diesen Gründen in Fachpublikationen oft mit langen Anmerkungen versehen, die jedoch später, beispielsweise in statistischen Quellensammlungen oder bei der Präsentation in Schulbüchern, der Übersicht halber verkürzt oder ganz weggelassen werden.

Statistiken in der Moderne: Mit der Herausbildung der Statistik als Wissenschaftsdisziplin im 18. Jahrhundert und der amtlichen Statistiken in der ersten Hälfte des 19. Jahrhunderts setzte eine engmaschige, kontinuierliche amtliche Datenerhebung für viele Bereiche der Gesellschaft ein. Solche amtlichen Statistiken gelten als relativ zuverlässig. Sie müssen auch nicht mehr mühsam aus Archivalien zusammengestellt und teilweise rekonstruiert werden (bis ins 18. Jahrhundert gehörten Datensammlungen über die Wirtschaft und Bevölkerung eines Landes zu den Staatsgeheimnissen), sondern erscheinen regelmäßig in Büchern oder auf elektronischen Datenträgern. Sie werden durch Erhebungen von halbamtlichen und privaten Einrichtungen ergänzt, seit dem Zweiten Weltkrieg vor allem durch Meinungsumfragen. Durch die steigende Zahl von Datenerhebungen haben sich aber einige statistische Probleme verstärkt, vor allem die Vergleichbarkeit der Kategorien. Wie wird im Zusammenhang mit der Frage nach der Verteilung von Armut und Reichtum z. B. die Kategorie „Existenzminimum" vom Statistischen Bundesamt definiert, wie wird sie von privaten Einrichtungen bestimmt, wie in Frankreich oder England? Die Fülle der Daten darf zudem nicht übersehen lassen, dass auch hier der Historiker die für seine Fragestellung relevanten Statistiken auswählt. Häufig verbindet er in einem Schaubild mehrere Entwicklungslinien miteinander und stellt dadurch Verbindungen zwischen Phänomenen her, die in der Praxis zunächst einmal nichts miteinander zu tun haben müssen. Dabei greift er in der Regel auf ein Vorwissen zurück, das er aus der Analyse und Interpretation anderer Quellengattungen gewonnen hat.

Die Darstellung von Statistiken

Eine Statistik kann als Zahlentabelle oder als Diagramm, d. h. in grafischer Form, dargestellt werden. Für die grafische Umsetzung stehen verschiedene Formen zur Verfügung:
1. das *Säulen- bzw. Balkendiagramm* (M 1), zu dem auch die besondere Form der *Bevölkerungspyramide* zählt;
2. das *Kreis- oder Halbkreisdiagramm*, das z. B. im Fernsehen häufig bei der Anzeige der Verteilung von Parlamentssitzen zu sehen ist;
3. das *Liniendiagramm*;
4. das aus dem Liniendiagramm abgeleitete *Flächendiagramm*;
5. das *Figurendiagramm*, d. h. die vereinfachte figürliche Abbildung von Personen oder Gegenständen, manchmal in Kombination mit Karten (siehe Kap. 9, S. 72, M 4).

Beim Umgang mit Grafiken ist immer zu bedenken, dass die Bestimmung der Maßeinheiten, z. B. der Jahresabstände, Aussagen akzentuiert. Wenn beispielsweise in einer Grafik durch die Wahl des Zeitraums nur ein Ausschlag einer Kurve herausgestellt wird, kann dies wertvolle Erkenntnisse über Detailentwicklungen vermitteln; offen bleibt aber, ob derartige Ausschläge nicht auch vor oder nach dem gewählten Zeitausschnitt aufgetreten sind. Etwas erscheint als Einzelereignis, was tatsächlich ein strukturelles Problem einer Gesellschaft darstellen könnte, z. B. Arbeitslosigkeit in industriekapitalistischen Gesellschaften des 20. Jahrhunderts.

In diesem Zusammenhang ist auch auf das Problem der geografischen Bezugsgröße hinzuweisen, das für Tabellen und Grafiken gleichermaßen gilt. Statistiken zur deutschen Geschichte im 19. und 20. Jahrhundert stellen manchmal eine Kombination aus Daten für das größte Land Preußen (bis 1870), für das Deutsche Reich (1871 bis 1945) und für die alte Bundesrepublik (1949 bis 1990) dar. Unterschiede in den geografischen Bezugsgrößen können aber mit sozialen und wirtschaftlichen Verschiebungen einhergehen.

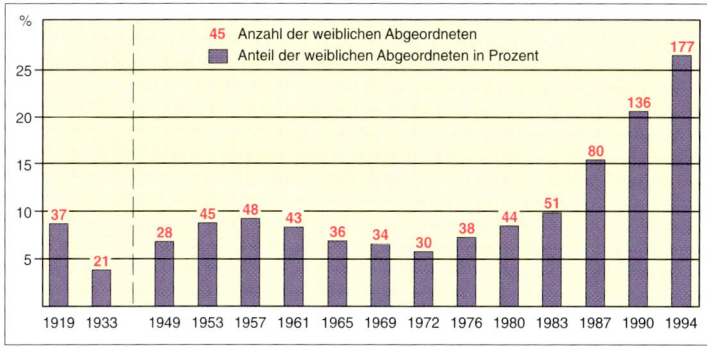

M 1 Frauen im deutschen Parlament 1919–1994

Absolute und relative Zahlenwerte

Hinsichtlich der Zahlenwerte ist zwischen *absoluten (auch nominalen) Zahlenwerten* und *relativen Zahlenwerten* zu unterscheiden. Die Arbeitslosenzahl beispielsweise gibt die tatsächliche Summe der Menschen wieder, die als arbeitslos registriert sind; die Arbeitslosenquote hingegen berechnet in Prozent die Summe in Bezug auf die Gesamtzahl der Erwerbstätigen. Bei einer Zunahme der Erwerbstätigen kann die Entwicklung der Arbeitslosen*zahl* also ein Ansteigen nachweisen, die *Quote* hingegen ein Stagnieren oder Fallen.

Zu den relativen Werten gehören:

1. *Prozentangaben*, z. B. die eben genannte Arbeitslosenquote oder bei einer Wahl der Anteil der Stimmen einer Partei in Bezug auf die Gesamtzahl der abgegebenen Stimmen. Bei Prozentangaben muss man allerdings sichergehen, dass die Bezugsgröße auch tatsächlich konstant geblieben ist. Ein besonderes Problem ist bei Wahlstatistiken das Fehlen von Zahlen zur Entwicklung der Nicht- und Erstwähler. Was nach dem reinen Wahlergebnis zunächst als veränderte Wahlpräferenz für eine Partei aussieht, könnte Ausdruck von Verschiebungen bei den Nicht- und/oder Erstwählern sein. Einen Hinweis darauf gibt die Wahlbeteiligung. Bedeutsam ist immer die Fragestellung. Will man die Entscheidungen des Wahlvolks untersuchen, benötigt man die absoluten Zahlenwerte, weil nur diese die realen Wählerbewegungen widerspiegeln. Fragt man hingegen nach den Auswirkungen einer Wahl auf die politische Machtverteilung, sind bei einem Verhältniswahlrecht wie in Deutschland die Prozentzahlen aussagekräftiger.

2. *Indexreihen* setzen ein bestimmtes Jahr gleich 100 und beziehen rechnerisch (mit Hilfe des Dreisatzes) alle folgenden bzw. vorausgehenden Daten auf dieses Jahr.

Wie gehe ich mit Statistiken um?

a) Analyse der inhaltlichen Merkmale:
1. Unter welcher Leitfrage soll die Statistik untersucht werden?
2. Zu welchem Einzelthema gibt die Statistik Auskunft? Auf welchen Zeitraum bezieht sie sich (Lücken?)? Auf welchen geografischen Raum bezieht sie sich?
3. Die Zuverlässigkeit von Statistiken ist in Schulbüchern nur begrenzt zu prüfen; hier muss die Aufnahme in das Schulbuch bereits eine gewisse Sicherheit bieten; allerdings ist nachzuweisen, woher die Statistik stammt. Manchmal ist es auch wichtig nachzufragen, wer die Statistik in Auftrag gegeben hat: Wurde eine Arbeitslosenstatistik vom Staat oder von den Gewerkschaften erstellt?

b) Analyse der formalen Merkmale:
4. Welche Kategorien werden in Beziehung gesetzt?
5. Ergeben sich aus der Darstellungsform besondere Aussagen?
6. Welche Zahlenwerte sind aufgeführt?

c) Beschreiben, Werten und Beurteilen des Aussagegehalts:
7. Welche Einzelinformationen gibt die Statistik (d. h. lassen sich Schwerpunkte, Ausschläge, regelhafte Verläufe erkennen)? Wie lässt sich die Aussage zusammenfassen?
8. Reicht die Statistik als Indikator zur Beantwortung der Leitfrage aus oder kann man nur vorläufige Schlüsse ziehen (müssen weitere Indikatoren herangezogen werden)?

Beispiel-Interpretation zu einer Statistik der Arbeiterlöhne 1913–1932

a) Analyse der inhaltlichen Merkmale

1. Statistik M 2 soll unter der Leitfrage „Wie entwickelte sich die wirtschaftliche Lage der Arbeiter in der Weimarer Republik?" untersucht werden. Der Indikator „Verdienst" besitzt hohe Aussagekraft, da die wirtschaftliche Lage in industriekapitalistischen Gesellschaften vor allem vom Geld bestimmt wird, das man als Gegenleistung für seine Arbeit erhält.

2. Die vorliegende Statistik gliedert sich in zwei Teile. Die ersten beiden Spalten liefern Angaben zu den durchschnittlichen Bruttoverdiensten von Arbeiter/innen. Mit dem Begriff „Verdienst" ist gesagt, dass z. B. Einkommen aus Nebentätigkeiten keine Berücksichtigung finden; „brutto" bedeutet das Arbeitsentgeld ohne Abzug der Steuern und Sozialversicherungsbeiträge. In einer Anmerkung wird zudem darauf hingewiesen, dass nicht die im Tarifvertrag festgelegten Löhne, sondern die tatsächlich vom Arbeitgeber gezahlten Löhne Ausgangsbasis der Statistik sind. Die Angaben in Spalte 1 und 2 unterscheiden sich durch die Nichtberücksichtigung bzw. Berücksichtigung der Lebenshaltungskosten; denn eine Erhöhung der Nominallöhne kann durch steigende Preise so aufgezehrt werden, dass „real" eine Stagnation oder gar ein Rückgang eintritt. Im Hinblick auf die Leitfrage ist also die Reallohnentwicklung der aussagekräftigere Indikator (lat. indicare = anzeigen).

Der zweite Teil der Statistik liefert Zahlen zur Entwicklung der Frauenverdienste im Vergleich zu den Männern, allerdings nur für den Bereich der Industrie; die Werte für die Jahre 1913/14 und 1924 gelten nur für die Kartonagenindustrie. Im Gegensatz zu den ersten beiden Spalten sind hier nicht die Effektivlöhne, sondern die tariflichen Löhne zugrunde gelegt worden und auch nicht die Wochenlöhne, sondern der Stundenverdienst. Unter Berücksichtigung dieser Vorbehalte kann die Statistik dennoch tendenziell Auskunft über die Verdienst-

Jahr	Arbeiter/innen insgesamt (1928 = 100)		Frauenlöhne in der Industrie[c] (Tarifliche Stundenlöhne in % der männlichen Facharbeiter- bzw. Hilfsarbeiterlöhne)	
	Nominallöhne[a] je Woche	Reallöhne[b] je Woche	Facharbeiterinnen	Hilfsarbeiterinnen
1913/14	61	93	58 %	71 %
1924	–	–	65 %	62 %
1925	75	81	–	–
1926	78	84	–	–
1927	88	89	–	–
1928	100	100	63 %	66 %
1929	103	102	–	–
1930	95	97	63 %	64 %
1931	84	94	–	–
1932	69	86	–	–

(a) Effektivlöhne, d. h. vom Tariflohn abweichende Löhne sind enthalten.
(b) Umgerechnet mit Hilfe der Indexziffern für die Entwicklung der Lebenshaltungskosten.
(c) Für die Jahre 1913/14 und 1924 Angaben nur für die Kartonagenindustrie an 20 Hauptstandorten.

Dietmar Petzina/Werner Abelshauser/Anselm Faust, Sozialgeschichtliches Arbeitsbuch, Bd. 3: Materialien zur Statistik des Deutschen Reiches 1914–1945, München (Beck) 1978, S. 98–100.

M 2 Bruttoverdienste der Arbeiter und Arbeiterinnen im Deutschen Reich 1913–1932

entwicklung von Frauen geben, da sie in sich schlüssig bleibt (tarifliche Stundenlöhne in Prozent der männlichen Facharbeiter- bzw. Hilfsarbeiterlöhne in der Industrie).

Die Statistik gilt für das Gebiet des Deutschen Reiches und betrachtet die Lohnentwicklung in der Weimarer Republik im Vergleich zur Vorkriegszeit. Die Jahre 1918 bis 1923 sind nicht angeführt, da in dieser Zeit in Deutschland eine außergewöhnlich hohe Inflation herrschte; aussagekräftig ist die Statistik also nur für die „normalen" Jahre der Weimarer Republik. Wie die Arbeiter in der Inflationszeit „wirtschaftlich über die Runden" kamen, muss offen bleiben. Die Zahlenreihen für die Entwicklung der Frauenlöhne sind stark lückenhaft, enthalten jedoch Material für die entscheidenden Jahre des Betrachtungszeitraums, d. h. für das letzte Vorkriegsjahr (1913/14), das erste Jahr nach der Inflation (1924), für eines der besten wirtschaftlichen Jahre der Epoche (1928) und schließlich für das erste Jahr der Weltwirtschaftskrise (1930), obwohl das Jahr 1932 als Höhepunkt der Krise bessere Angaben liefern könnte.

3. Die Zahlenreihen sind einer wissenschaftlichen statistischen Materialsammlung zum Deutschen Reich 1914–1945 entnommen; die Autoren wiederum haben ihre Angaben amtlichen Erhebungen entnommen, ergänzt durch Angaben aus Fachpublikationen.

b) Analyse der formalen Merkmale

4. Die Statistik bezieht Zahlenwerte über Löhne und die Jahresangaben 1913–1932 aufeinander, d. h. es werden zeitliche Entwicklungen dargestellt. Darüber hinaus bietet die Statistik Anhaltspunkte für eine geschlechtsspezifische Differenzierung in der Lohnentwicklung.
5. Dargeboten wird sie in Form einer Tabelle; die Entwicklungen sind also exakt zu beziffern.
6. Es werden nur relative Zahlenwerte aufgeführt: für die allgemeine Verdienstentwicklung Indexreihen bezogen auf 1928, für die Frauenlöhne Prozentangaben, d. h. in „von Hundert der männlichen tariflichen Stundenlöhne". Indirekt werden damit sowohl das Jahr 1928 als auch die Männerlöhne als Bezugsgrößen angesehen, die etwas „Normales" widerspiegeln.

c) Beschreiben, Werten und Beurteilen des Aussagegehalts

7. Die Verdienstentwicklung der Arbeiter zeigt bei den Nominallöhnen im Vergleich zur Vorkriegszeit eine stetige Aufwärtsentwicklung mit dem Jahr 1929 als Höhepunkt. Danach fallen sie innerhalb von nur drei Jahren fast wieder auf das Vorkriegsniveau zurück. Der Indikator „Reallöhne" muss diesen Befund allerdings relativieren. Bis zum Höhepunkt 1929 und das bedeutet innerhalb einer Spanne von fünfzehn Jahren sind die Löhne nur um 9 Prozent gestiegen. In der Weltwirtschaftskrise fallen die Reallöhne dann innerhalb von nur drei Jahren sogar unter das Vorkriegsniveau. Geschlechtsspezifische Ungleichheiten werden in der Weimarer Republik auch in der zweiten Hälfte der zwanziger Jahre nicht abgebaut. Bei den Facharbeiterinnen schließt sich die Schere zwar um einige Prozentpunkte, bei den Hilfsarbeiterinnen aber wird sie größer. In der Regel verdienen Arbeiterinnen in der Weimarer Republik wie schon in der Vorkriegszeit ein Drittel weniger als Männer. Zusammenfassend kann festgehalten werden, dass sich, gemessen an dem Indikator „Verdienst", die wirtschaftliche Lage der Arbeiter/innen in der Weimarer Republik gegenüber der Vorkriegszeit leicht verbesserte. Damit ging jedoch kein Abbau geschlechtsspezifischer Ungleichheiten einher.
8. Für eine umfassende Bewertung der wirtschaftlichen Lage reicht allerdings die Statistik der Lohnentwicklung nicht aus. Wenn die Abgaben an den Staat steigen, kann das Nettogehalt erheblich unter dem Bruttogehalt liegen. Die wirtschaftliche Lage wird auch davon bestimmt, ob jemand alleine lebt oder eine Familie zu versorgen hat. Auch Arbeitslosigkeit, insbesondere Dauerarbeitslosigkeit bestimmt die wirtschaftliche Lage. Wer immer wieder damit rechnen muss, arbeitslos zu werden kann seine Ausgaben nicht planen. Und schließlich spielt die ganz persönliche, subjektive Einschätzung der wirtschaflichen Lage eine Rolle.

Weiterführende Arbeitsanregungen

1 🚶 **Grafiken entwerfen:**
a) Suchen Sie in der Tages- oder Wochenpresse oder in ihrem Geschichtslehrwerk nach einer interessanten Zahlentabelle und setzten Sie die Statistik in eine Grafik um. Begründen Sie die Wahl Ihrer grafischen Form.
b) Verändern Sie in mehreren Varianten die Größenabstände bei den Jahreszahlen. Welche Auswirkungen haben diese Veränderungen auf die Interpretation des Sachverhalts?

💻 *Tipp: Computer-Grafik*
Computer-Freaks können die Grafiken mit einem entsprechenden Programm auch am Computer entwickeln (siehe auch Kap. 15, S. 101 ff.).

2 🚶 **Bevölkerungsstatistiken recherchieren: Nationale und lokale Zahlen im Vergleich**
a) Recherchieren Sie Zahlen über die Bevölkerungsentwicklung in der Bundesrepublik Deutschland und in Ihrem Ort seit Ende des Zweiten Weltkriegs. Zahlen für die Bundesrepublik finden Sie z. B. in den jährlich erscheinenden Statistischen Jahrbüchern für die Bundesrepublik Deutschland (M 3), die in jeder größeren Bibliothek vorhanden sein müssten; lokale Daten können Sie über Anfragen bei der Stadtbibliothek, dem Lokalarchiv oder der Stadtverwaltung erhalten.
b) Setzen Sie die beiden Statistiken mit den absoluten Zahlenwerten in zwei Indexreihen um (setzen Sie das erste Jahr *beider* Datenreihen = 100).
c) Untersuchen Sie, inwieweit die demografische (d. h. Bevölkerungs-) Entwicklung Ihres Ortes mit der allgemeinen Entwicklung auf nationaler Ebene übereinstimmt. Suchen Sie nach Gründen für eventuelle Abweichungen.

3 Statistiken in der historisch-politischen Diskussion:
Folgende Zeitungsartikel könnten als Diskussionsgrundlagen zur Erörterung historisch-politischer Probleme aus statistischer Sicht herangezogen werden:
a) Gemeinsame EURO-Währung – gemeinsame Statistik?
Siehe dazu z. B.: Andreas Oldag, Schlüssel zur Währungsunion liegt bei Eurostat, in: Süddeutsche Zeitung, 25./26. Oktober 1997, S. 2.
b) Wirtschaftsdaten in der öffentlichen Diskussion
Siehe dazu z. B.: Stefan Bergheim, Die Statistik behindert die wirtschaftspolitische Diskussion, in: Frankfurter Allgemeine Zeitung, 19. Juni 1998, S. 18.
c) Statistik und Umweltverschmutzung
Siehe dazu z. B.: Carsten Stahmer, Aufstand der Erbsenzähler, in: Die Zeit, Nr. 43, 20. Oktober 1995, S. 28.

M 3 Die „Statistischen Jahrbücher der Bundesrepublik".
– Man findet sie in vielen Schul-, Stadt- und Univeritätsbibliotheken.

12 Fotografien als historische Quellen

„Es ist fotografiert worden, also existiert es!", hat der bedeutende, 1906 geborene österreichische Fotograf Karl Pawlek bündig formuliert. Die berechtigte und gleichzeitig verführerische Faszination des Mediums „Foto" als einer „Wiedergabe von Wirklichkeit" scheint in diesem knappen Satz zusammengefasst. Die Fotografie drängt sich dem Betrachter als direktes Abbild der Wirklichkeit auf, denn was nicht existiert, kann ja auch nicht fotografiert werden. Aber *wie* etwas fotografiert wird, das bestimmt der Fotograf.

Zur Geschichte der Fotografie

Die Fotografie, das „Schreiben mit Licht", entstand im ersten Drittel des 19. Jahrhunderts. 1826 gelang es dem Franzosen Joseph Nicéphore Niepce ohne Stifte und Farben, allein durch physikalisch-chemische Prozesse eine befriedigende Kameraaufnahme auf Platten vom Hof seines Landhauses herzustellen. Dieses erste Foto benötigte noch eine Belichtungszeit von acht bis zehn Stunden. Der Partner Niepces, Jaques Daguerre, entdeckte in den 1830er Jahren ein Verfahren zur Entwicklung und Fixierung von Fotografien. Als der eigentliche Erfinder der Fotografie in ihrer heutigen Form, d. h. der Fotografie auf Papier und immer wieder reproduzierbar, gilt jedoch der Amerikaner William Henry Fox Talbot. Er entwickelte 1840 das erste Positiv-Negativ-Verfahren, das neben einer kurzen Belichtungszeit vor allem eine fast unbegrenzte Vervielfältigung sowie die Vergrößerung des Negativs ermöglichte.

Mit der Erfindung der Autotypie, des Klischees von einer Fotografie, vermochte auch die Presse das neue Medium zu nutzen. Am 4. März 1880 erschien das erste Foto, „Shantytown" (Elendsviertel im New Yorker „Daily Graphic"). Aber der Siegeszug der Pressefotografie setzte erst nach dem Ersten Weltkrieg ein. Jetzt war die Klischeeherstellung billiger und einfacher geworden und es entwickelte sich der aktualitätsbezogene Fotojournalismus.

Bereits 1888 entwickelte der Amerikaner George Eastmann die erste Rollfilmkamera, die sogenannte Kodak, ein Jahr später den Rollfilm selbst. Ihr Grundprinzip bestimmte die Entwicklung aller weiteren Kameras und Filmmaterialien, die zunehmend handlicher und leichter anwendbar wurden. Ein wichtiger Entwicklungsschritt erfolgte 1906/07 mit der Erfindung der Farbfotografie. Die Rollfilmkamera veränderte die Fotografie nicht nur technisch, sondern auch sozial. Sie eröffnete auch der Masse der Bevölkerung den Zugang zum Fotografieren. Zwar waren um 1920 Kameras mit Preisen von 21 bis 210 Mark für Arbeiter und Angestellte noch unerschwinglich, 1930 aber kostete die Agfa-Box nur noch 4 Mark. In wenigen Jahren waren mehr als drei Millionen Stück verkauft. Fotografieren war eine Sache für jedermann geworden. Das Foto einer Person, eines Gegenstandes, eines Kunstwerks, einer Landschaft oder eines Ereignisses war überall und für jeden zugänglich geworden. Die Fotografie demokratisierte also die Bilderwelt auf doppelte Weise: im Bildzugang und in der Bildherstellung. Sie erwies sich damit als eines *der* Medien der Moderne.

Der Erkenntniswert von Fotografien

Zunächst lassen sich aus Fotografien wie auch aus Gemälden *realkundliche Aussagen* gewinnen, die über andere, z. B. schriftliche Quellen, hinausgehen. Wie sahen Wohnhäuser, Stadtviertel, Fabriken, Werkzeuge oder Maschinen aus? Wie wohnten Menschen? Wie kleideten sie sich? usw. Das lässt sich oft schon durch einzelne Fotos gut zeigen. Einen besonderen Stellenwert hat die Fotografie aber auch für *sozial- und mentalitätsgeschichtliche Fragestellungen*. Allerdings bedarf es dabei für generalisierende Aussagen erstens ganzer Fotoserien zu einer bestimmten Fragestellung und zweitens der Heranziehung schriftlicher Quellen zum Vergleich und zur

Die Fotografie als historische Quelle

Indem das Foto die Zeit aufhebt, d. h. sie durch Abbildung bewahrt und sie jederzeit und überall wieder sichtbar machen kann, wird sie zu einem historischen Dokument:
a) als Gebrauchs- oder professionelle Fotografie, z. B. von Fotoreportern, Modefotografen,
b) als Amateurfotografie,
c) als eigenständiges Kunstwerk.
Die Fotografie als eine solche Bildquelle ist zunächst wie jede andere Quelle zu behandeln:
1. *Wann ist sie entstanden?*
2. *Was stellt sie dar?*
3. *Wer hat in wessen Auftrag fotografiert?*
4. *Für welche(n) Adressaten ist die Fotografie gemacht worden?*

Der schlechte Zustand der Aufbewahrung und Dokumentation der Masse der Fotografien macht es in der Regel sehr schwer, diese quellenkritischen Fragen vollständig zu beantworten; sie bleiben aber notwendig für eine möglichst gesicherte historische Aussage.
Auch für die Interpretation von Fotografien gelten dieselben Regeln wie für andere Bildmedien. Denn Fotos scheinen nur die Wirklichkeit abzubilden, tatsächlich aber bieten sie bearbeitete Realität:
5. *Welches Motiv hat der Fotograf ausgewählt?*
6. *Welchen Bildausschnitt und welchen Blickwinkel hat er bestimmt?*
7. *Welche Belichtungsdauer hat er eingesetzt?*
8. *Welche Brennweite des Objektivs hat er benutzt und damit Nähe oder Ferne bzw. Dehnung oder Stauchung des Objekts beeinflusst?*
9. *Welches Fotopapier hat er schließlich gewählt?*
10. *Welche Retuschierung hat er eventuell vorgenommen?*

Aber trotz aller Manipulationsmöglichkeiten bleibt nach Wolfgang Ruppert das Foto „dasjenige visuelle Medium, das eine Annäherung an die Wirklichkeit mit dem höchsten Authentizitätsgrad erlaubt".[1] Auf den chemischen Grundprozess, Wirklichkeit mittels Licht auf einem Film abzubilden, hat der Fotograf keinen Einfluss.

Kontrolle. Im Bereich der *Umweltgeschichte* kann die Fotografie, vor allem die Fotoserie, die Geschichte der Veränderung einer Landschaft oder Siedlungsregion „erzählen". Der Fotograf Michael Ruetz z. B. erstellt in Form eines langfristigen Projekts Serien der Landschafts- und Stadtentwicklung, die bestimmte Ausschnitte über mehrere Jahre hin von demselben Standpunkt aus abbilden und exakt dokumentieren.[2]

Die Pressefotografie bietet umfangreiches Material zur *politischen* Geschichte der letzten hundert Jahre. Sie begleitet diese illustrierend und interpretierend bis hin zur propagandistischen Absicht und kann später immer wieder neu dazu benutzt werden. So sind manche dieser Fotos geradezu zum ikonologischen Zeichen, d. h. zum charakterisierenden Kennzeichen, einer bestimmten Zeit geworden. Dazu gehören die Bilder von blumengeschmückten jungen Männern, die, von der Menge am Straßenrand bejubelt, in den Krieg ziehen, oder das Bild von dem kleinen Jungen, der mit erhobenen Händen wahrscheinlich abgeführt wird. Wie dies letztere zeigt, bedürfen die Dokumentarfotografien einer Bildunterschrift, die sie in eine „Geschichte" einbetten und so das Dargestellte verständlich machen. Erst dieser sprachliche Kontext ermöglicht die Interpretation. Das Problem solcher Unterschriften beruht jedoch darin, dass sie oft keine genauen quellenmäßigen Angaben sind, sondern allgemeine, von den Benutzern frei gewählte Formulierungen.

---

1 Wolfgang Ruppert, *Photographien als sozialgeschichtliche Quellen*, in: Geschichtsdidaktik 11, 1986, S. 73.
2 Michael Ruetz, *Sichtbare Zeit. Time Unveiled. Fotografien 1965–1995*, Frankfurt/M. (Zweitausendeins) 1995, S. 159 ff. und 267 f.

Quellengattungen

M 1 „Mit Gewalt aus Bunkern hervorgeholt". Fotografie, Warschau 1943

Bilder vom Holocaust: „Täterfotos"

Das Bild des kleinen Jungen in M 1 ist ein „Täterfoto" aus dem so genannten Stroop-Bericht des Jahres 1943 mit dem Titel: „Es gibt keinen jüdischen Wohnbezirk in Warschau mehr". Dort hat das Foto die Unterschrift: „Mit Gewalt aus Bunkern hervorgeholt". Ganz andere Erzählzusammenhänge stellen folgende Unterschriften her: „Juden aus dem Warschauer Ghetto werden in die Vernichtungslager abtransportiert" oder „Die Überlebenden der Aufstände im Warschauer Ghetto im April 1943 ergeben sich der SS". Diese Unterschriften sind nicht falsch, aber sie erklären das Bild sofort und neutralisieren oder emotionalisieren es.

Aber das Foto wirkt auch für sich allein, nur Ort und Zeitpunkt wären notwendig. Die Gebärden der Opfer und Täter sind für sich aussagekräftig genug. Die zugehörige Geschichte lässt sich durch den Stroop-Bericht und Aussagen von Täter und Opfer ergänzen. Der Mann mit der Maschinenpistole stand 1969 in Erfurt vor Gericht und wurde zum Tode verurteilt. Der Junge, Tvsi Nussbaum, überlebte als einziger seiner Familie im KZ Bergen-Belsen und praktiziert heute als Arzt in New York. Es wird deutlich, dass ein Foto geschehene Geschichte in einem Moment ohne Vorher und ohne Nachher still stellt.

Das Foto des kleinen Jungen lässt sich auch als *Typus einer bestimmten Kriegsfotografie* deuten. Zivilisten, vor allem Frauen und Kinder, sind hilflos der auf sie gerichteten Waffe ausgeliefert. Die Waffe schützt sie nicht, sondern ist Ausdruck einer brutalen Aggression. Eine solche Deutung eines Fotos wird nur dadurch möglich, dass das betrachtende Publikum bestimmte Bildzeichen sieht und durch feste Wahrnehmungsmuster liest, es also nicht nur dokumentarisch aufnimmt, sondern symbolisch deutet. Das bekannte Foto von Carl von Ossietzky (1889–1938) im KZ Oranienburg ist zu einem Symbol für die deutsche Geschichte von 1933 bis 1945 geworden. Auch hier handelt es sich um ein „Täterfoto", das wahrscheinlich bei einem Appell entstanden ist.

Propaganda-Fotos: „retuschierte Realität"

Zur quellenkritischen Arbeit mit Fotos gehört auch die Identifizierung und Analyse „retuschierter Realität". Die Eliminierung Trotzkis durch die stalinistische Propaganda aus den Fotos, die ihn mit Lenin zeigen, sind dafür ein ebenso bekanntes Beispiel wie die Wegretuschierung der so genannten „Vierer-Bande" aus den offiziellen chinesischen Fotos nach dem Tode Mao Zedongs 1976.

Der Bau der Berliner Mauer: Ausschnittwahl und Perspektiven

Für den kritischen Umgang mit Dokumentarfotos ist aber mindestens genauso wichtig die Manipulation durch Ausschnittwahl und Aufnahmetechnik zu untersuchen und in die Interpretation einzubeziehen. Dies lässt sich an drei Bildern zum Berliner Mauerbau verdeutlichen. Abbildung 2 c (S. 90) ist geradezu zu einer Ikone der Ereignisse vom 13. August 1961 geworden. Die Ausschnittwahl und Perspektive wird zum Ausdruck der Gewalt gegen die eigenen Leute, die sich selbst in einer bedrückenden Umzingelung von Befestigungswerken einmauern müssen. Dabei teilen sie die eine Stadt Berlin, was durch die Hineinnahme des Straßenschildes „Bernauer Straße", das noch über die Mauer ragt, versinnbildlicht wird. Die bedrückende Situation in M 2 c spiegelt sich in 2 a und b nicht so stark. Die Totale im zweiten Bild distanziert den Betrachter vom Geschehen und in der etwas später aufgenommenen Nahaufnahme wirkt der junge Soldat nicht gewalttätig, sondern eher mutlos.

M 2a Der Bau der Berliner Mauer 1961 in Fotografien

M 2b Der Bau der Berliner Mauer 1961 in Fotografien

Weiterführende Arbeitsanregungen

1 Der Historiker Jürgen Hannig erklärte die Wirkung der Abbildung M 2 c mit einer „nahezu perfekten Steuerung der Wahrnehmung und Deutung der Betrachter mittels Bildaufbau". Fertigen Sie eine grobe Skizze des Bildes an und überprüfen Sie die Behauptung.

2 🚶 Suchen Sie aus alten und neuen Schulbüchern das Bild von Carl von Ossietzky, das in der Darstellung S. 88 beschrieben wird. Vergleichen Sie die Bildunterschriften und untersuchen sie, wie der Betrachter durch den jeweiligen Text gelenkt wird.

3 🚶 **Eine Bildchronik für die Partnerschule:**
Stellen Sie sich vor, Sie hätten ein Partnerschule im Ausland und sollten für die Schüler eines Geschichtskurses oder einer Oberstufenklasse eine kleine Bildchronik über die Geschichte Ihres Ortes zusammenstellen.
a) Einigen Sie sich zunächst auf den Umfang der Chronik.
b) Besprechen Sie vorab, welche Motive Sie fotografieren wollen.
c) Machen Sie von jedem Bauwerk usw. zwei oder drei Aufnahmen aus verschiedenen Perspektiven, mit verschiedenen Ausschnitten usw.
d) Lassen Sie die Fotos entwickeln und stellen Sie die Bilder für die Chronik zusammen. Diskutieren Sie im Kurs über die Auswahl der Motive und begründen Sie Ihre Entscheidungen.
e) Formulieren Sie zu jedem Bild eine Bildunterschrift.
f) Schreiben Sie eine kurze Einleitung mit Blick auf Ihre Adressaten im Ausland.

M 2c Der Bau der Berliner Mauer 1961 in Fotografien

13 „Oral history" – das historische Interview

„Wie war das damals? Erzähl' doch mal!" So fragten früher und so fragen noch heute viele jüngere Menschen die Älteren, wenn sie etwas über die Geschichte ihrer Familie, ihres Wohnortes oder über ein Ereignis bzw. das alltägliche Leben vergangener Jahrzehnte in Erfahrung bringen wollen. Sie machen damit aber nichts anderes als das, was die Wissenschaft heute eine „Zeitzeugenbefragung", ein „historisches Interview" oder „Oral History" nennt. Wo schriftliche oder gegenständliche Quellen fehlen, da müssen wir Menschen befragen. Nur wird den unbefangenen jungen Fragestellern normalerweise dabei nicht klar, was sie eigentlich über die Vergangenheit durch die Erinnerung der Befragten zu hören bekommen. Sie meinen Auskunft darüber zu erhalten, „wie es gewesen war". Aber das ist nicht der Fall. Sie hören zunächst nur die Geschichte eines Einzelnen. Eine andere erinnert sich an dieselbe Zeit oder dasselbe Ereignis vielleicht völlig anders und mit den Darstellungen in einem Geschichtsbuch stimmen solche Erzählungen oftmals wenig überein. Für die allgemeine Geschichtswissenschaft waren solche schillernden Berichte und Erfahrungen auch bis vor wenigen Jahrzehnten weitgehend uninteressant und wurden als „private" Geschichte vernachlässigt – es sei denn, es handelte sich um die „Erinnerungen" bzw. „Memoiren" führender Persönlichkeiten einer Epoche, denen man zutraute „öffentlich" Relevantes überliefert zu haben.

Probleme und Voraussetzungen

Die Oral History gibt uns geschichtswissenschaftliche Methoden und Kriterien an die Hand, mit deren Hilfe wir Interviews systematisch veranstalten und auswerten können. Die persönliche Erinnerung kann dadurch aus ihrem rein privaten Charakter herausgeholt und in allgemeine Bedeutungszusammenhänge eingebunden werden. Seinen wohl bedeutsamsten Quellenwert hat das Interview für die Erforschung des Geschichtsbewusstseins der Menschen und ihres alltäglichen Lebensvollzuges. Dagegen versagt sie oft bei einzelnen Ereignissen und Geschehnissen, sodass sich leicht allgemeine Ansichten über eine Zeit mit der eigenen Erinnerung vermischen. Zudem neigen die Menschen in der Erzählung ihrer Lebensgeschichte dazu diese als ein möglichst positives, sinnvolles Ganzes darzustellen, sodass störende Brüche oder negative Lebensabschnitte gemieden oder beschönigt werden. Berücksichtigt man diese Vorbehalte, dann stellt die Oral History mit ihren Verfahren aussagekräftiges und wichtiges Quellenmaterial von Menschen bereit, die sonst in der Geschichte größtenteils ungehört bleiben, aber gleichwohl für das Verstehen und Erklären gesellschaftlicher Entwicklungen ebenso wichtig sind wie die so genannten großen Persönlichkeiten.

Mehrere Voraussetzungen waren für Entwicklung und Verbreitung der Oral History notwendig: zunächst das wachsende Interesse an der Rolle der gesellschaftlichen Massen und damit auch der vielen „kleinen Leute", die im Laufe der zweiten Hälfte des 20. Jahrhunderts das Interesse der Geschichtswissenschaft fanden, dann die technische Erfindung des Kassettenrekorders und schließlich der Videokamera mit ihrer Entwicklung zu Massenkonsumartikeln. So ist es – nicht zuletzt auch für Schülerinnen und Schüler – leicht geworden, viele Menschen zu befragen und zahlreiche Auskünfte über Vergangenes aufzuspüren.

Formen der mündlichen Überlieferung seit der Antike

Die Methode der Oral History ist nicht auf die Zeitgeschichte und damit die direkte Befragung von lebenden Zeitzeugen beschränkt. Selbst die Vor- und Frühgeschichte sowie die Geschichte der Antike versuchen Oral History-Methoden ihren Forschungsmöglichkeiten anzupassen. Mündliche Überlieferung stand am Anfang der historischen Erinnerung. Sie fand in den schriftloser Kulturen ihren Niederschlag in Mythen und Sagen, Märchen und Erzählungen, die wie Homers Ilias und Odyssee später aufgeschrieben wurden. Diese können ebenso wie mündliche Berichte heute entschlüsselt werden um historische Aussagen zu gewinnen. Aber auch der festliche und alltägliche Vollzug des Lebens mit seinen Tänzen, Spielen und Riten, Rhythmen, Melodien und Liedern, mit seinen Masken und Bildern, Trachten, Tätowierungen und Schmuck, mit seiner Gestaltung von Plätzen und Räumen usw. bieten uns eine spezifische Form der „mündlichen" Überlieferung.

„Oral History" als historische Methode

Die Zeitzeugenbefragung wirft methodisch erhebliche Probleme auf. Ein historisches Interview ist kein Originalzeugnis aus der Vergangenheit, sondern ein nachträglich erzeugtes Kunstprodukt. Die Zeitzeugenbefragung ist infolgedessen eine mehrfach gebrochene Quelle, da sie ein Ergebnis aus dem Zusammenspiel von drei hauptsächlichen Faktoren ist: des/der Interviewten, des Interviewers/der Interviewerin und des öffentlichen Geschichtsbewusstseins der Gesellschaft bzw. gesellschaftlicher Gruppen. Der Wert und die Interpretation eines solchen Dokuments hängt somit von mehreren Aspekten ab:
– Fragen, Absichten des Interviewers/der Interviewerin;
– Einfühlungsvermögen in die Person des Interviewten und dessen Situation;
– Art des Interviews: gezielte Fragen zu bestimmten Gegenständen, offene Fragen zum Bericht über ganze Lebensabschnitte oder standardisierte Fragelisten mit Ja-Nein- bzw. Teils-Teils- oder festgelegten Auswahlantworten;
– Darstellungsfähigkeiten, Sichtweisen und Absichten des Interviewten;
– Erinnerungsvermögen des Interviewten, Wandel der Erinnerung und Verdrängungen;
– Gegenstand der Erinnerung: private Geschichte, alltägliche Lebensumstände und -tätigkeiten, öffentliche bzw. allgemeine Geschichte;
– Art der Veröffentlichung (Verschriftlichung, Visualisierung).

Zielsetzungen, Hypothesen und Fragestellungen eines Interviews müssen daher möglichst klar formuliert und auch für die späteren Leser offen gelegt werden, was zudem für die Vergleichbarkeit verschiedener Interviews zum gleichen Gegenstand erforderlich ist. Die Interviewer müssen sich darüber klar werden, wie sie ihre jeweiligen Interviewpartner ansprechen und auf sie eingehen. Sie müssen sich darauf vorbereiten, eventuell durch Fragen auf die verschiedenen Aspekte ihres Themas zu lenken um weitschweifiges Erzählen oder Wiederholungen zu vermeiden. Sie müssen sich überlegen, wie weit sie bei Lücken und Ungereimtheiten nachfragen ohne den Interviewten zu verletzen.

Allgemeine Hinweise zur Durchführung eines historischen Interviews

1. Sammeln Sie zunächst Grundinformationen zu dem Ereignis bzw. Thema des Interviews.
2. Stellen Sie eine Liste möglicher Zeitzeugen zusammen (gruppieren Sie ggf. nach Alter, Geschlecht, Berufsstellung usw.).
3. Entwerfen Sie einen Fragenkatalog.
4. Erstellen Sie einen Arbeits- und Zeitplan und diskutieren Sie vorab mögliche Probleme, die bei der Durchführung der Interviews auftreten könnten.
5. Führen Sie die Befragung durch und nehmen Sie die Gespräche auf Tonband auf.
6. Erstellen Sie eine Dokumentation der Interviews (Texte „transkribieren", d. h. vom Tonband abschreiben).
7. Werten Sie die Interviews mit Blick auf Ihre Fragestellungen aus. Haben sich für Sie auch überraschende Aspekte ergeben?

Die Auswertung der Gesprächsaufzeichnungen besteht aus Sichtung und Ordnung des Interviewmaterials nach den einzelnen Themen bzw. Unterthemen des Vorhabens oder nach Gruppenzugehörigkeit der Interviewten (z. B. Männer/Frauen; Arbeiter/Unternehmer usw.). Das Material muss daraufhin untersucht werden, ob es für die Überprüfung und Beantwortung der anfänglich formulierten Hypothesen ausreicht oder ob noch weitere Interviews (eventuell mit zusätzlichen Fragen oder anderen Verfahrensweisen) zu machen sind. Die Befragungen müssen mit anderen historischen Materialien in Beziehung gesetzt und dabei in ihrem privaten und allgemein bedeutsamen Charakter analysiert und beurteilt werden.

Eine besondere Schwierigkeit, vor allem wegen des hohen Zeitaufwands und der großen Mühe, stellt die Transskribierung (Verschriftlichung) von Interviews dar. Für die wissenschaftliche Arbeit steht diese Tätigkeit am Anfang der Auswertung, für die Arbeit in der Schule muss sie spätestens für die Dokumentation zumindest teilweise durchgeführt werden. Heute geht man davon aus, die Transskribierung möglichst wortgetreu mit allen eventuellen Schwächen der Sprache und Grammatik durchzuführen, das bedeutet aber sehr genaues Arbeiten und mehrfaches Überprüfen der Richtigkeit der Umschrift.

Für die Arbeit mit veröffentlichten Zeitzeugenbefragungen gelten die obigen Überlegungen zur Gewinnung von Interviews entsprechend, soweit sie die Beurteilung des Quellenwertes des jeweiligen Interviews betreffen. Vor allem die Fragestellungen der Interviewer müssen bekannt sein. Es gilt, die Interviews mit anderen Materialien zu vergleichen, in Beziehung zu setzen oder an anderen Materialien in ihrem Aussagewert zu messen. Je nach eigenen Erkenntnisinteressen sind die Interviews auf die Richtigkeit oder Wahrscheinlichkeit der genannten Tatsachen zu überprüfen, auf typisches oder untypisches Zeitbewusstsein zu befragen, auf eventuelle Stereotypen (z. B. Unwissen über KZ's in der Nazizeit; Hunger, Trümmerfrauen in der Nachkriegszeit nach 1945) hin zu untersuchen.

M 1 Täter, Opfer, Zuschauer – Interview mit einer Frau, die während der NS-Zeit in Chelmno lebte

Claude Lanzmann, Autor des Dokumentarfilms „Shoah", hat in den 1980er Jahren in einem Film die Geschichte der Judenvernichtung im „Dritten Reich" zu rekonstruieren versucht und zu diesem Zweck Interviews mit Opfern, Tätern und Zuschauern geführt. Gesprochen hat er unter anderem mit Frau Michelsohn, der Frau des ehemaligen Lehrers an der deutschen Schule in Chelmno/Polen (seit dem Überfall Deutschlands auf Polen 1939 im so genannten Warthegau gelegen). In Chelmno wurde die erste große Vernichtungsaktion durchgeführt. Mitten in dem relativ kleinen Ort wurden insgesamt vierhunderttausend Juden in Lastwagen vergast. Lanzmann fragte:

    Und wie war Ihr erster Eindruck vom Wartheland?
Primitiv und noch mal primitiv.
Also… noch schlimmer.
5   Noch schlimmer?
Noch schlimmer als primitiv.
    Ja. Aber das ist schwer zu verstehen, nicht.
Ja.
    Aber warum…
Mit den sanitären Anlagen, das war überhaupt   10
eine Katastrophe.
Im Landesratsamt in War… Warthbrücken war eine Toilette,
und da ging man dann hin. Sonst…   15
es war eine Katastrophe da.
    Warum eine Katastrophe?
Es gab doch nirgends Toiletten.
    Ja?
Ja. Die anderen, das waren alles so Häuschen.   20
Kann man gar nicht beschreiben.
Kann man gar nicht beschreiben, so primitiv.
    Es ist erstaunlich.   25
    Warum haben Sie sich so ein primitives Gebiet ausgesucht?
Ach, wenn man jung ist, will man was erl… erleben.
Man glaubt ja nicht, dass es so etwas gibt.   30
Das glaubt man ja nicht. Aber es hat es gegeben. […]
Frau Michelsohn beschreibt im Weiteren den

Ort und berichtet von ihrer Wohnung, die ganz nah an Schloss und Kirche lag. Von sich aus erwähnt sie nicht, dass sich dort die Juden ausziehen mussten und dann in Lastwagen getrieben wurden. Lanzmann fragt direkt nach:

Haben Sie die Vergasungswagen gesehen?
Nein. Von außen ja, die fuhren ja immer vorbei über die Straße.
Aber reingesehen habe ich ja nie.
Ich habe nie Juden drin gesehen.
Ich hab nur das Äußere gesehen.
Wie sie ankamen und wie sie verfrachtet wurden.
Wie sie aufstiegen, hab ich sie gesehen. [...]

Frau Michelsohn berichtet später über die so genannten „Arbeitsjuden", die mit Ketten um den Füßen durch das Dorf liefen:

Und war es möglich, mit diesen Leuten zu sprechen?
Nein, nein. Das war unmöglich.
Warum?
Das wagte keiner.
Wieso?
Das wagte keiner.
Ja.
Haben Sie verstanden?
Ja, ja, das wagte keiner. Warum, war es gefährlich?
Ja. Da war Bewachung.
Ja.
Bewachung war ja dabei.
Und lieber hatte man mit so was nichts zu tun,
nicht.
Denn es geht ziemlich an die Nerven, das immer so zu sehen.
Das ist doch eine Zumutung fürs ganze Dorf, dies immer anzusehen, dieses Elend.
Wenn die Juden angekommen werden, und in die Kirche oder ins Schloss geschoben
werden…
Und dieses Geschrei, so, das ist furchtbar! Deprimierend!
Wenn man jeden Tag das Schauspiel von vorn sieht.
Furchtbar, furchtbar war's. Traurig anzusehen.
Die schrien. Die merkten ja doch, was los war.
Die haben ja geglaubt erst, die Juden, dass sie entlaust würden.
Aber nachher haben sie es, glaube ich, geahnt, was mit ihnen geschah,
denn das Schreien wurde immer wilder.
Es war ein furchtbares Schreien. Angstschreie!
Denn die ahnten ja, was mit ihnen geschah, nicht.
Wissen Sie, wie viele Juden dort vernichtet wurden?
Es war was mit vier. Waren es man vierhunderttausend
oder vierzigtausend:
Vierhunderttausend.
Vierhunderttausend sind es. Ja, irgendwas mit vier war es.
Traurig. Traurig. Traurig.

Zit. nach Gudrun Brockhaus, Schauer und Idylle. Faschismus als Erlebnisangebot, München (Kunstmann) 1997, S. 26–28.

M 2 Jüdische Mitbürger einer deutschen Stadt werden nach dem 9. November 1938 zur Deportation abgeführt, begleitet von SS- und SA-Männern, Fotografie, Ende 1938

Weiterführende Arbeitsanregungen

1 Judenvernichtung in der NS-Zeit: Zum Quellenwert historischer Interviews
a) Welche Befunde zur Vernichtung der Juden im nationalsozialistischen Deutschland können Sie den Quellen M 1 und M 2 entnehmen? Beurteilen Sie den Quellenwert der beiden Materialien.
b) Welche Materialien würden Sie für eine vertiefende Untersuchung des Themas gegebenenfalls zusätzlich heranziehen? Begründen Sie Ihre Auswahl.
c) Diskutieren Sie ausgehend von ihren Ergebnissen die Vor- und Nachteile der „Oral history" als einer historischen Quelle.

2 🏃 Zeitzeugenbefragung: „Anfänge des Massentourismus in Deutschland"
In den fünfziger Jahren sind in Deutschland viele Menschen erstmals in den Urlaub gefahren. Einige eventuell auch früher, und zwar möglicherweise schon in den 1930er Jahren mit der nationalsozialistischen Freizeitorganisation „Kraft durch Freude".

Führen Sie über die Anfänge des modernen Massentourismus eine Zeitzeugenbefragung durch: Fragen Sie z. B., wann ihre Interviewpartner das erste Mal in ihrem Leben verreist sind, nach den Motiven, wie die Menschen ihre Reise organisiert haben (Reisebüros? Auf eigene Faust?), den Zielgebieten, den benutzten Verkehrsmitteln, den Unterkünften (Camping? Privat? Hotel?), der Länge der Reise, den Schwierigkeiten, ob sie alleine oder mit der Familie verreist sind, wie Sie die Reise erlebt haben, welche Bedeutung das Reisen für Sie hatte, wie sich das Reisen im Laufe der Zeit ihrer Meinung nach gewandelt hat usw. Praktische Hilfen und methodische Hinweise zur Durchführung der Befragung finden Sie S. 92 f.

M 3 „Auch Du kannst jetzt reisen!", Plakat der NS-Reise- und Freizeitorganisation „Kraft durch Freude, 1937

M 4 „Die Kurorte gehören den Werktätigen", Plakat des Feriendienstes des FDGB in der DDR, 1954

M 5 „Flugreisen in den sonnigen Süden", Titelbild des Reiseprospektes eines westdeutschen Reiseveranstalters, 1958

III Geschichte und moderne Medien

14 Geschichte im Film

Historische Themen erfreuen sich bei Filmemachern und Fernsehanstalten großer Beliebtheit – Millionen schauen sich die Fernsehserie „Holocaust" (1978) an, in Massen strömen die Kinobesucher in Filme wie „Der Name der Rose" (1986) oder „Schindlers Liste" (1994; M 2). Über eine attraktive story (Geschichte), die das Leben einzelner Personen, Paare oder Familien in den Mittelpunkt rückt, wird Geschichte im Film dramatisiert und publikumswirksam inszeniert. Der Zuschauer muss nicht seine eigene Fantasie in Gang setzen, also selbst „Bilder im Kopf" produzieren; der Film bietet ihm ein Erlebnis mit hoher Realitätsnähe. Zudem kann sich kaum eine Quelle, kaum ein Medium in seiner Realitätsnähe mit dem Film messen, sofern sich der Filmemacher der genauen historischen Rekonstruktion verpflichtet, oder wenn wir uns eine „alte" Nachrichtensendung ansehen, z. B. eine Wochenschau aus der NS-Zeit.

Gleichwohl: Keine historische Quelle, kein historisches Medium ist an sich objektiv. Wie z. B. eine autobiografische Quelle nur aspekthaft über Personen und Ereignisse berichtet, so nimmt auch der Film immer eine bestimmte Perspektive ein. Aber weil der Film dem Zuschauer fertige und obendrein „lebendige" Bilder liefert, gerät das Dargestellte leichter als bei anderen Medien und Quellen ungefragt zur geschichtlichen Wahrheit. Auf diese Weise tragen Filme auch stärker als andere Quellen zur Bildung von Geschichtsbewusstsein bei. Eine Dokumentaraufnahme vom Februar 1943, die die frenetische Reaktion des Publikums im Berliner Sportpalast auf die Frage von Goebbels „Wollt ihr den totalen Krieg?" zeigt, verleitet zu dem Schluss, die Deutschen hätten dieses gewollt, obwohl seinerzeit im Berliner Sportpalast ein von den Nationalsozialisten bewusst zusammengesetztes Publikum applaudierte.

Der Film als Quelle

Trotz aller Bedenken gegenüber dem Film und der Art und Weise, wie er Geschichte darstellt, hat dieses Medium durchaus seinen Wert für die Historiker. Der Film kann zur Quelle für die Zeit werden, die er in dokumentarischen Aufnahmen präsentiert; er kann aber auch etwas aussagen über die Zeit, in der er produziert wurde. Dann gewährt er einen Einblick darin, wie und warum eine bestimmte Zeit eine geschichtliche Vergangenheit gedeutet hat.

Der Erleichterung der Analyse von Filmen dient ihre Einteilung in Gattungen, obwohl die Gattungen oft vermischt werden. Was den Quellenwert angeht, sollte man unterscheiden zwischen eher dokumentarischen Produktionen, die filmische Dokumente als Quellen benutzen, und historischen Spielfilmen, die sich meist auf eine fiktionale Vorlage stützen. Auch sie vermitteln ein Bild von der Vergangenheit, aber dieses Bild ist eine bewusste Deutung, während der Dokumentarfilm kritische Fragen an sein Material stellt oder zumindest öffnet.

Dokumentarfilme

Dokumentarfilme verbinden sich mit der Absicht historische Themen bewusst und authentisch aufzuarbeiten. Ausgangspunkt sind daher immer Archivmaterialien, d. h. authentische Filmaufnahmen. Ergänzend kommen Standfotos, Grafiken, Karten oder aktuelle Aufnahmen historischer Gebäude hinzu. Trickaufnahmen und animierte Computergrafiken werden ergänzt, wenn es z. B. gilt, militärische Abläufe wie den Schlieffenplan (aus dem Ersten Weltkrieg) optisch zu verdeutlichen. Heute greift auf den Dokumentarfilm vor allem das Fernsehen zurück, während er früher Bestandteil der Wochenschau war, die im Kino regelmäßig vor dem Hauptfilm lief.

Dokumentarfilme wirken auf den ersten Blick in ihren Aussagen objektiv. Tatsächlich verbreiten sie aber immer auch, wie z. B. die Wochenschauen oder die Tagesschau, Selbstauffassungen und politische Selbstdarstellungen von Regierungen und Sendern. Mit Beginn des Ersten Weltkriegs beispielsweise waren Regierungen, militärische Institutionen und mächtige Industrieunternehmer bestrebt über das damals noch neue Medium Film ihre Sicht der Wirklichkeit, ihre Freund- und Feindbilder oder auch beschönigenden Frontereignisse in der Öffentlichkeit zu verbreiten. Oder es sind überhaupt ausschließlich Filmdokumente überliefert, die dem deutschen „Hurrapatriotismus" huldigen. Dabei wird dann übersehen, dass Menschen – obwohl in geringerem Umfang – auch für den Frieden demonstrierten; diese Bilder passten allerdings den staatlichen Stellen nicht ins politische Konzept. Die Motive der Auftraggeber und Produzenten (amtliche Stellen, Wirtschaftsunternehmen, Partei- oder private Initiativen, Sender) sowie die Repräsentativität des Dargestellten (Randerscheinung oder Breitenphänomen) sind daher beim Dokumentarfilm besonders kritisch zu untersuchen.

Eine Variante des Dokumentarfilms ist das Dokumentarspiel. Es stützt sich in der Regel auf eine sorgfältige Auswertung von Quellen und Fachliteratur. Aber da es sich der dramatischen Inszenierung bedient, kommen Momente der künstlerischen Freiheit zum Tragen. Die Identifikation des Betrachters mit den handelnden und leidenden Personen ist beabsichtigt, d. h. die Distanz zu den historischen Personen, Ereignissen und Problemen soll bewusst verringert werden. Der Kanzler Bismarck gerät so möglicherweise zur gestrengen, „väterlichen" Figur, der Revolutionär Lenin zu einem einsamen Helden. Trotz der Verzerrungen, die von personalisierenden Verdichtungen ausgehen können, haben diese auch positive Seiten: der historische Sachverhalt kann in seiner Vielschichtigkeit offen gelegt werden.

Eine neuere Variante ist die bewusste Vermischung von Dokumentarfilm und -spiel. Dieser Kompilationsfilm (kompilieren = zusammenfügen) – vor allem im Fernsehen gebräuchlich – will Vergangenheit vergegenwärtigen, indem er sich zeitgenössischer Dokumentaraufnahmen bedient, aber sie durch Interviews mit Zeitzeugen unterbricht oder durch Statements von Politikern und Experten erklären lässt. Durch Zusammenfügen der verschiedenen Ebenen und Sichtweisen öffnet der Kompilationsfilm unterschiedliche Perspektiven zu einem geschichtlichen Thema. Bekannte Beispiele sind „Ein Sonntag im August. Die Berliner Mauer. Geschichte und Dokumentation" (1976), „Geschichte der deutschen Einheit Teil 1–3" (1990), „Hört die Signale. Aufstieg und Fall des Sowjetkommunismus" (1991).

Historische Spielfilme

Im Gegensatz zu Dokumentarfilmen, die einen historisch interessierten Zuschauer voraussetzen, ist für die Produzenten historischer Spielfilme die Geschichte nur ein Mittel um das Massenpublikum anzuziehen. Man darf beim Betrachten eines historischen Spielfilms nie davon ausgehen, dass die historische Wirklichkeit sorgfältig recherchiert und rekonstruiert worden ist. Deshalb sagen historische Spielfilme in der Regel mehr über die Zeit aus, in der sie gedreht worden sind, als über die Zeit, die sie in Szene setzen. Spielfilme über das Römische Reich, die in den 1920er oder 1930er Jahren in Italien gedreht worden sind, spiegeln vor allem das Selbstverständnis des faschistischen Italien unter Mussolini und sagen nur wenig über die Punischen Kriege oder die Herrschaft eines römischen Kaisers aus. Deutsche Spielfilme aus den 1930er Jahren über Friedrich den Großen oder Bismarck spiegeln in der Regel das Weltmachtstreben des Nationalsozialismus wider. Das Selbstverständnis einer Epoche oder einer Regierung kommt nicht nur in alten historischen Spielfilmen, sondern ganz allgemein in Spielfilmen vergangener Zeiten zum Ausdruck: zum Beispiel der Konflikt zwischen Hoffnung und Zukunftsangst in der aufbrechenden Moderne der Weimarer Republik in dem Film „Metropolis" von Fritz Lang; oder die Sehnsucht nach einer konfliktfreien, heilen Welt in der Adenauer-Ära in dem Film „Der Förster vom Silberwald". Hollywood-Produktionen aus den 1950er Jahren sind häufig eine Quelle für den Zeitgeist im Kalten Krieg.

M 1 Szene aus dem Spielfilm „Im Westen nichts Neues", 1929/30

1 Informieren Sie sich (Filmlexikon, Filmchronik) über den Spielfilm in M 1.
2 M 1 zeigt die Reaktion einer Schulklasse auf den Ausbruch des Ersten Weltkriegs. Interpretieren Sie die Szene; erklären Sie Leistungen und Grenzen des historischen Spielfilms.

Die Bildsprache des Films

Der Film spricht – über Gestaltungsmittel, Einstellungsgrößen, Kameraperspektiven und Bewegungen, Personenstellungen- und -bewegungen, Töne und Beleuchtungen.[1]
Gestaltungsmittel: Die *Einstellung* ist die kleinste Einheit, gefolgt von der etwas längeren *Szene* und der komplexeren *Sequenz*. Ein *Schnitt* fügt die einzelnen Einstellungen unmittelbar zusammen, während die *Blende* die Möglichkeit bietet einen Übergang herzustellen. Als *Montage* bezeichnet man die Verknüpfung von mindestens zwei Einstellungen durch Schnitt oder Blende. Die *Montage* als Ausdrucksmittel wurde in den expressionistischen Filmen der zwanziger Jahre entwickelt; Beispiele sind „Metropolis" und „Panzerkreuzer Potemkin".
Einstellungsgrößen: Kameraleute unterscheiden sechs Grundeinstellungen:
– *Totale:* Sie vermittelt einen Überblick. Menschen sind sehr klein dargestellt, Gebäude vollständig im Raum erkennbar. Sie dient der Orientierung; Handlungen beginnen und enden häufig in der Totalen; größtmögliche Distanz zwischen Zuschauer und Filmgeschehen.
– *Halbtotale:* In der Halbtotalen sind Personen deutlich von Kopf bis Fuß zu erkennen, die Gestik tritt in den Vordergrund; die Gebäude sind häufig „angeschnitten". Menschen werden in einer sie charakterisierenden Umgebung gezeigt (M 1, M 2 a).
– *Halbnah:* Gestik und situative Darstellungen von Personen (Gespräche) gewinnen an Bedeutung; Personen im Vordergrund erscheinen von den Knien aufwärts (M 2 c).
– *Nah:* Personen sind von Kopf bis Brust abgebildet; der Hintergrund ist noch zu erkennen, ebenso mögliche Handbewegungen; häufig für Dialogszenen verwendet (M 2 b).
– *Groß:* Der Kopf einer Person füllt das Bild; die Mimik rückt ins Zentrum; in der Filmdramaturgie für Spannungshöhepunkte verwendet.
– *Detail:* Es zeigt ein bedeutungsvolles Merkmal einer Person oder Sache. Die Distanz zum Zuschauer ist fast vollständig aufgehoben.
Kameraperspektiven: Die Perspektive beschreibt die Position der Kamera. Bei der *Normalsicht* befindet sich die Kamera auf Augenhöhe der Personen; Gleichberechtigung und Dialogbereitschaft werden signalisiert. Bei der *Unter- oder Froschperspektive* ist der Kamerapunkt sehr tief, Personen und Sachen erscheinen bedeutend oder Furcht einflößend (M 2 a). Die *Vogelperspektive* bietet eine große Übersicht und wertet bei Personenaufnahmen den Betrachter auf (M 1); die gefilmte Person muss zur Kamera aufblicken, sie kann Geringschätzung erfahren.

1 Die Abschnitte „Bildsprache des Films" und „Beobachtungsaufträge" nach Karl Nebe, Mit Filmen im Unterricht arbeiten, in: Geschichte lernen 7, 1994, S. 20–24, hier S. 22 f. und Hajo Weber, Die Sprache der Bilder, Mühlheim/Ruhr (Verlag an der Ruhr) 1994, S. 32 ff.

Kamerabewegungen: Zu den wichtigsten Kamerabewegungen gehören der Stand, der Schwenk, die Fahrt, der Zoom und die subjektive Kamera. Beim *Stand* nimmt die Kamera ein Objekt aus ein- und derselben Perspektive in ein- und derselben Größe auf. Folgt die Kamera der Bewegung des Kopfes, spricht man von einem *Schwenk*. Bei der *Fahrt* wiederum fängt die Kamera die Bewegung des gesamten Körpers ein; sie kann den Eindruck erwecken in einem Fahrzeug mitzufahren. Durch eine Veränderung der Brennweite des Objektivs kann, ohne dass die Kamera ihren Platz verlässt, der Gegenstand größer oder kleiner werden – in der Filmsprache ein *Zoom*. Bei der *subjektiven Kamera* bewegt sich der Kameramann mit der Kamera auf der Schulter so, als habe er keine Kamera vor Augen. Der Zuschauer soll den Eindruck gewinnen, er sei unmittelbar am Geschehen beteiligt. Bedeutsam ist schließlich auch, wie lange bzw. kurz eine Kamera ein Geschehen einfängt.

Personenstellungen und -bewegungen: Stellungen und Bewegungen von Personen gehören weniger zum spezifisch filmischen Code, sondern kommen vom inszenatorischen Repertoire des Theaters. Eine Person kann *frontal, im Halbprofil, im Profil* oder von *hinten* gefilmt werden. Darsteller befinden sich im *Vorder-, Mittel- oder Hintergrund*.

Die Person kann sich vom Zuschauer weg bewegen oder auf ihn zu (B*ewegung in das Bild* bzw. *aus dem Bild*) oder am Zuschauer vorbei (*parallel zum unteren Bildrand*). Gänge im Bild dienen nicht immer dazu Entfernungen zurückzulegen, sie können auch als ein besonderes dramatisches Element eingesetzt werden.

Ton und Beleuchtung: Der Film verwendet drei, meist untereinander kombinierte Elemente des Tons: *Sprache, Musik* und *Geräusche*. Der Einsatz kann auf zwei Arten erfolgen: Beim *Off-Ton* ist die Tonquelle nicht im Bild; sie wird nachträglich „aufgelegt". Beim *On-Ton* ist die Tonquelle im Bild. On- und Off-Ton bestimmen Nähe und Distanz des Zuschauers zum Geschehen.

Die Beleuchtung hat für die „In-Szene-Setzung" eine besondere Bedeutung. Personen können diffus oder kontrastreich erscheinen. Von unten auftretendes Licht wirkt dramatisierend, von oben auftreffendes Licht verleiht dem Dargestellten eine besondere Aura (M 2 c). Von der Stellung der Scheinwerfer hängt auch der Schattenwurf ab; eine komplette Ausleuchtung verhindert Schattenwürfe, Teilbeleuchtung kann Schatten bewusst erzeugen.

Beobachtungsaufträge für die Filmanalyse

Ausgangspunkt einer Filmanalyse sind Beobachtungen. Die folgende Aufzählung bietet erste Hinweise, die gegebenenfalls zu ergänzen bzw. zu verändern sind.

a) *Beobachtung des Bildes*:
1. Wo gibt es auffällige Großaufnahmen?
2. Wann nimmt die Kamera auffällige Positionen ein?
3. Wie bewegt sich die Kamera?
4. Welche Einstellungen sind gestaltet?
5. Welche Szenen wirken „zufällig" aufgenommen?
6. Wo gibt es auffällige „Schnittstellen"?
7. Wie ist das Verhältnis von kurzen und langen Einstellungen?

b) *Analyse des Tons:*
8. Wann dominieren Geräusche? Wann dominiert Sprache?
9. Wann setzt Musik ein?
10. Wie sind Dialoge ausgestaltet?
11. Wie umfangreich sind Kommentare?
12. Wie verhält sich die Sprache zum Bild? Welche Kernsätze aus Dialogen und Kommentaren erscheinen mit welchen Bildern?

Weiterführende Arbeitsanregungen

1 🚶 **Arbeit mit einem Dokumentarfilm:**
a) Suchen Sie mithilfe der Kataloge und Verzeichnisse Ihrer Landes- oder Kreisbildstelle nach Dokumentarfilmen, die zu Ihrem jetzigen Kursthema passen. Begründen Sie Ihre Auswahl.
b) Besorgen Sie sich einen der Dokumentarfilme und informieren Sie sich über das Thema/die Epoche, die in dem Film angesprochen wird.
c) Lassen Sie von Ihrem Lehrer oder Ihrer Lehrerin einen zwei- bis drei-minütigen Ausschnitt auswählen. Lassen Sie die Sequenz ohne Ton laufen und entwerfen Sie einen kommentierenden Text.
d) Vergleichen Sie mit dem Originalkommentar und diskutieren Sie über die Unterschiede.

2 Kontroverse um einen historischen Spielfilm: „Schindlers Liste"
1994 kam in Deutschland ein historischer Spielfilm aus den USA auf den Markt (amerik. Erstaufführung 1993), der ein Massenpublikum ereichte und der in Deutschland eine breite Diskussion über die Vergangenheitsbewältigung auslöste: „Schindlers Liste" (M 2 a bis c). Gedreht hatte den Spielfilm der Hollywood-Regisseur Steven Spielberg. Spielberg produzierte einen Schwarz-Weiß-Film, der zwei tatsächliche Geschichten erzählt: die Geschichte des deutschen Unternehmers Oskar Schindler, der elfhundert Juden vor der Ermordung in den Gaskammern deutscher Konzentrationslager gerettet hat, und die Vernichtung der Juden durch die Nationalsozialisten. Am Schluss des Films, in Farbe gedreht, sieht der Zuschauer, wie die Schauspieler gemeinsam mit Überlebenden Steine auf das Grab Schindlers legen.

Die Resonanz auf den Film war in Deutschland enorm – und gespalten. Der Historiker Wolfgang Benz schrieb (in: Die Zeit, 4. März 1994): „Die Zerstörung von Menschen durch Todesangst, die Mordlust der Täter, die Ambivalenzen der Moral in chaotischer Zeit und unter existenzieller Bedrohung kann man nicht dokumentieren. Um begreiflich zu machen, was geschah, braucht es eben die literarische und dramatische Form. [...] Der Film ist über den Appell an die moralische Sensibilität des Betrachters hinaus ein dramaturgischer Beitrag zu Geschichtsschreibung und Aufklärung."

Andere lehnten diese Position ab, weil sie die Distanz zum Geschehen auflöse und zur „Erlösung vom Holocaust" führe; Trauer- und Erinnerungsarbeit könne nur durch Distanz schaffende Dokumentarfilme in Gang gesetzt werden, z. B. durch das Auschwitz-Dokument „Nacht und Nebel" von Alain Resnais und Jean Cayrols (1952) oder die großen dokumentarischen Filme „Shoa" von Claude Lanzmann (1986; siehe S. 93, M 1) und „Hotel Terminus" von Marcel Ophüls (so die Position von Wolfram Schütte, in: Frankfurter Rundschau, 30. April 1994). Beziehen Sie zu beiden Positionen Stellung.

M 2 Szenenfotos aus dem amerikanischen Spielfilm „Schindlers Liste" von 1993

M 2a Szene aus dem KZ Krakau-Plaszów: Amon Goeth (Ralph Fiennes) bedroht einen Juden; eine Ladehemmung verhindert den Mord.

M 2b Oskar Schindler (Liam Neeson) stellt mit dem Schriftgelehrten und Buchhalter Itzak Stern (Ben Kingsley) die rettende „Liste" zusammen.

M 2c Schlussszene: Oskar Schindler (Liam Neeson) im Kreise der geretteten Juden.

15 Geschichte digital – Computer und Geschichtsunterricht

„Informationsgesellschaft" – „Global Learning" – „Internet" – „Schulen ans Netz" – „Das virtuelle Klassenzimmer" – „Multimedia" – so lauten einige der Schlagworte, die das stärkere Vordringen des Computers in die Schule beschreiben. Sicherlich wird der PC die bisher üblichen Lehrmethoden, Lernformen und Unterrichtsmedien (Tafel, Schülerbuch, Bild, Film usw.) nicht verdrängen, auch werden Bleistift, Papier und Kugelschreiber weiterhin auf den Schreibtischen liegen. Aber indem der Computer zu den alten Medien ergänzend und erweiternd hinzutritt, wird er das häusliche Lernen und die Arbeit im Unterricht verändern und bereichern. Dies gilt vor allem, wenn sein Einsatz mit neuen Organisationsformen des Unterrichts kombiniert wird, z. B. dem Fächer verbindenden Unterricht, dem Projektunterricht, den Facharbeiten sowie dem Einbezug außerschulischer Lernorte. Schule wird zum Ort gegenseitigen Lernens: Lehrer/innen werden auf die Computer-Kompetenz ihrer Schülerinnen und Schüler zurückgreifen, umgekehrt werden Fragen der Didaktik und Methodik auch für Schülerinnen und Schüler wichtig.

Vor überzogenen Hoffnungen sei allerdings gewarnt: Das „Denken" wird der Computer niemandem abnehmen. Im Gegenteil, die vielfältigen technischen Möglichkeiten und das sich ständig erweiternde Programmangebot setzen für den Einsatz im Schulunterricht zahlreiche Kompetenzen und viel Fantasie voraus. Schlüsselqualifikationen wie z. B. Erkenntnisinteresse, Lust zu eigenständigem Lernen, Kommunikations- und Teamfähigkeit sind unabdingbare Voraussetzungen.

Technische Voraussetzungen und „User-Kompetenz"

In technischer Hinsicht gehen wir beim privaten Nutzer von einem Computer des 1998 üblichen Standards aus: IBM-kompatibel, Pentiumprozessor*, mindestens 100 MHz, mindestens 8–16 MB RAM*, Windows '95, CD-ROM-Laufwerk, Soundkarte*, ein Office-Programm*; außerdem verfügt er über ein Modem* oder eine ISDN-Karte* und einen Zugang zum Internet. Für einen Macintosh-PC gilt Vergleichbares.

Günstig wäre es, wenn ein Scanner zur Verfügung stünde. Es versteht sich von selbst, dass bei einer geringeren Ausstattung – wie sie in den Schulen eher anzutreffen ist – der PC-Einsatz eingeschränkt ist. Die Überprüfung der technischen Voraussetzungen muss daher am Anfang eines jeden Computer-Projektes stehen.

Eine weitere Voraussetzung ist die technische Kompetenz des Nutzers, d. h. der Schülerinnen und Schüler, Lehrerinnen und Lehrer („User-Kompetenz"), damit nicht mangelnde Fähigkeiten im Umgang mit dem PC die Arbeit unterbrechen oder gar verhindern. Gleichwohl gehört die Bewältigung technischer Probleme immer auch zum Erfolg einer computergestützten Arbeit.

Fragen der Arbeitsplanung und andere methodische Aspekte

Neben der technischen Ausstattung des/der PCs und der Kompetenz der Nutzer sind beim Einsatz von Computern methodische Aspekte zu beachten.
Zur räumlichen Ausstattung:
- Stehen PCs nur privat zur Verfügung oder auch in der Schule?
- Gibt es in der Schule einen allgemein genutzten Computerraum, wenn ja, wie viele PCs stehen dort zu welcher Zeit zur Verfügung?
- Gibt es einen oder gar mehrere Computer in dem Raum, in dem normalerweise der Kursunterricht stattfindet?

Unterrichtsformen: Der Computer kann sowohl beim lehrerzentrierten Unterricht zum Einsatz kommen als auch beim „offenen Unterricht", d. h. der Freiarbeit, dem Wochenplan- oder Projektunterricht. Der „offene Unterricht" eignet sich für den Einsatz von Computern am besten, denn bei dieser Form sind Selbsttätigkeit der Schülerinnen und Schüler, die Differenzierung nach Neigung und Leistung, die eigenständige und selbstverantwortliche Planung von Lernprozessen, das „forschende Lernen" in besonderer Weise gefordert.

Sozialformen: Im Vorfeld ist auch die Frage der Sozialform zu klären, d. h. ob mit dem PC alleine gearbeitet werden soll oder in Partnerarbeit, ob zu Hause am privaten PC oder im schulischen Computerraum.

Fremdsprachen-Kenntnisse: Die Nutzung von Computern setzt Englischkenntnisse voraus. Allerdings genügt häufig der Rückgriff auf spezielle Wörterbücher um sich in die Computersprache einzufinden. Sprachenkenntnisse sind immer dann notwendig, wenn internationale Kommunikations- und Nutzerangebote in Anspruch genommen werden (z. B. schriftliche Quellen oder Sekundärtexte zu historischen Themen aus dem Internet).

Arbeitsplanung: Arbeitsabläufe, die auf der Nutzung von Computern basieren, sind „störanfällig". Eine genaue Arbeitsplanung, die auch den ersatzweisen Rückgriff auf konventionelle Medien, Arbeitstechniken und Materialien mit bedenkt, ist daher unabdingbar. Generell sollte die „Computerbegeisterung" den Nutzer nicht dazu verleiten, Arbeitsschritte, die auf traditionellem Wege einfach und schnell erledigt werden könnten, auf „Biegen und Brechen" mit dem Computer durchzuführen. Folgende Fragen/Probleme sollten vorab geklärt werden:

– Welches Ziel soll mit dem Computereinsatz-/projekt erreicht werden?
– Soll der Lehrer/die Lehrerin die Aufgabenstellung vorsteuern oder soll der Kurs seine eigenen Lernwege entwickeln?
– Welche Probleme sind bei der Erarbeitung und Beschaffung von Informationen mit dem PC zu erwarten?
– Problembewusstsein gegenüber dem Medium: Wo könnte der Computer zu Arbeitsschritten „verführen", die nicht zum Thema/Ziel passen?
– Wie sollen die Ergebnisse gesichert werden?
– Wie sollen die Ergebnisse präsentiert werden?
– Kritische Reflexion der Arbeit und ihrer Ergebnisse.

Wie man den PC im Geschichtsunterricht nutzen kann

Der PC als Schreib- und Gestaltungswerkzeug

Die meisten Menschen benutzen den PC als Schreib- und Gestaltungswerkzeug. Das wichtigste Programm ist die Textverarbeitung. Sie kann genutzt werden, wo immer etwas zu schreiben ist. Aber es wäre eine Verschwendung von Ressourcen, würde man den PC nur als eine elektronische Schreibmaschine betrachten. Als Gestaltungsmittel können zusätzlich Mal-, Grafik- und Bildbearbeitungsprogramme dienen. Sie sind teilweise Bestandteile der so genannten Office-Programme*.[1] Außerdem sind Planungs- und Organisationsprogramme zu empfehlen.

Wichtige Voraussetzungen, die man eigentlich nur außerhalb des Geschichtsunterrichts lernen kann, sind Kenntnisse der Programm- und Tastatur-Bedienung. Es wird daher empfohlen, von Anfang an mit einem der zahlreichen preisgünstigen Tastatur-Lernprogramme systematisch das Schreiben mit zehn Fingern zu trainieren. Oder man besucht z. B. einen Volkshochschulkurs.

---

1 Gemeint sind z. B. Flow-Chart-Programme, mit denen Organigramme, Ablaufdiagramme, Netzpläne u. Ä. erstellt werden können. Besonders verwiesen wird auf ein ausgezeichnetes deutsches Mindmapping-Programm* von PD-Profi Zöttlein („Mindman 3.0"), das im Internet unter http://www.mindman.com zu erreichen ist.*

Computer-Lexikon

Browser: ein PC-Programm, mit dem die Verbindungen im Internet hergestellt werden können (z.B. Netscape, Internet-Explorer).

Dateimaske: Bildschirm-„Formular" einer Datenbank, das nach festzulegenden Kriterien erstellt und ausgefüllt wird. Seine Einzeldaten werden mit anderen Daten zusammgeführt und können dann ausgewertet (Dateiabfrage, Report usw.) und seine Ergebnisse grafisch dargestellt werden (z. B. Daten von Wahlergebnissen).

Flow-Chart-Programm: Programm, mit dem vielschichtige Strukturen und Zusammenhänge dargestellt werden können, z. B. Ablaufpläne, Flussdiagramme für Unterrichtsvorhaben, Netzpläne für Struktur einer Homepage* usw.

Homepage: Bildschirmseite einer Firma, einer Schule, einer Privatperson usw. im Internet, die unter einer Internetadresse (z. B. über das deutsche „Schulweb") erreichbar ist und z. B. zur Selbstdarstellung oder Kommunikation per E-mail dient.

Infotainment/Edutainment: Wortverbindung und -neubildung aus „Information / Education + „Undertainment"; sie bedeutet, dass Informations- und Bildungs- bzw. Erziehungselemente mit Unterhaltungsaspekten verknüpft sind.

Link: eine elektronische Verbindung, die durch Mausklick auf Signalwörter oder Zeichen zwischen dem PC-Nutzer und einer Datei bzw. einem Internetpartner hergestellt wird; oder auch zwischen den Inhalten einer CD-ROM.

Mindmapping-Programm (mindmap = „Gedächtnis-/Bewusstseins-Landkarte"): ein universell nutzbares Programm zur Visualisierung komplexer Denkprozesse und Strukturen. Diese ganzheitliche Methode wurde in England entwickelt und ist eine Kreativitätstechnik. Sie hilft eine gute Übersicht über komplizierte Inhalte zu behalten und entspricht in vielfältiger Weise der Denkarbeit unseres Gehirns.

Modem/ISDN-Karte: Bestandteile des PC, mit denen über eine Telefonverbindung die elektronische Kommunikation (Internet, E-mail usw.) durchgeführt werden kann.

Office-Programm: Programm-Paket wichtiger PC-Programme für die Nutzung im Büro oder zu Hause (z. B. mit Textverarbeitung, Tabellenkalkulation, Datenbank, Grafikprogramm, Terminkalender, Adress-Datenbank usw.; siehe auch Anm. 1, S. 102.

Pentiumprozessor (Pentium = Produktbezeichnung für Prozessor, der derzeit schon nicht mehr die höchte Leistungsklasse repräsentiert): zentrale Steuereinheit im PC, die die Rechen-/Arbeitsvorgänge steuert; ist u. a. mitentscheidend für die Leistungsfähigkeit eines PC.

Provider: ein Unternehmen (z. B. deutsche „Telekom"), das gegen Gebühren den technischen Zugang zum Internet (Telefonleitungen usw.) anbietet.

RAM („random access memory"): spezifischer innerer Arbeitsspeicher im PC; seine Größe (gemessen in MB = Megabite) gibt die Leistungsfähigkeit eines PCs wieder (Arbeits-/Rechengeschwindigkeit).

Soundkarte: Komponente des PC, mit dem Töne, z. B. von CD-ROMs, hörbar gemacht werden können.

Tool („Werkzeug"): Programm, mit dem spezielle Arbeiten am PC durchgeführt werden können, z. B. Erstellung einer Homepage* mit „Frontpage" (Miccrosoft) oder „Netscape Composer".

virtuell: etwas, das nicht wirklich materiell vorhanden ist, sondern nur „scheinbar". Beispielsweise sind die Ausstellungsstücke eines „virtuellen Museums" dort nicht real vorhanden, sondern nur als elektronische Daten, die am Bildschirm ein scheinbar reales Abbild erzeugen.

WWW/WorldWideWeb: Bezeichnung für die globale, netzartige Struktur des Internet.

Der PC als Lerninstrument

Lernprogramme: Für die Vermittlung historischer Kenntnisse und den kritischen Umgang mit historischen Sachverhalten liegen zur Zeit kaum akzeptable Lernprogramme vor. Da sich dies aber bei der rasanten Entwicklung im EDV-Bereich ändern wird, seien hier einige didaktische und methodische Fragen aufgeführt, die helfen Programme zu bewerten:
- Leistet das Programm mehr, als ein herkömmlicher Unterricht mit vergleichbarem Aufwand leisten könnte?
- Entspricht das Programm gegenwärtigen fachdidaktischen Zielsetzungen und damit verbundenen inhaltlichen Ansprüchen? Dominiert z. B. eine positivistische Faktenorientierung („Drill-&-Practise"), stehen hinter den Inhalten überholte Geschichtsvorstellungen („Männer machen Geschichte") oder trägt es zur Problemorientierung und Bildung von historischem Bewusstsein bei?
- Ist die Bildschirmoberfläche motivierend gestaltet?
- Ist die Programmstruktur leicht durchschaubar („intuitive Benutzerführung"*), gibt sie dem Nutzer angemessene Rückmeldungen und Eingriffsmöglichkeiten?
- Führt das Programm eine Hintergrundstatistik über den Leistungsstand des Benutzers? Lässt es sich nach seinen Lernbedürfnissen inhaltlich verändern und erweitern?
- Motiviert das Programm zum Lernen?
- Nutzt das Programm mehrere Lernwege zur Informationsaufnahme (Bild, Ton, Animation, Video, Sprache)?
- Wie sind die Lernmodelle aufbereitet („Quizfragen", Multiplechoice usw.)?
- Verfügt das Programm über eine Druckfunktion?

Autorensysteme: Im Bereich der Lernprogramme können auch die so genannten Autorensysteme verwendet werden. Dabei handelt es sich um Programme, mit denen (auch nicht so versierte) Anwender/innen Lernprogramme „schreiben" können (z.B. mit dem dänischen Programm „Medi8or", das sich auch für die Produktion von Multimedia-Anwendungen eignet).

Lernkarteien: Zu erwähnen ist in diesem Zusammenhang die „PC-Lernbox", ein Programm, das auf dem PC wie eine fünfstufige Lernkartei mit Kontrolle des Kenntnisstandes arbeitet und ein „universelles Lernsystem" darstellt. Sie kann selbst mit Lernstoff „gefüllt" werden (M 1).

Multimedia-Anwendungen auf CD-ROM: CD-ROMs zeichnen sich dadurch aus, dass sie vielfältige audio-visuelle Medien enthalten (Text, Sprache, Ton, Filmausschnitte, Fotos), die wiederum durch netzartige Verbindungen (Links*) miteinander verknüpft sind. CD-ROMs besitzen in aller Regel weder Anfang noch Ende. Es wird keine „Geschichte" mit einer inhaltichen Hierarchie erzählt, sie ähnelt auch keinem Film. Vielmehr präsentieren CD-ROMs einen Inhalt, der in kurze, prägnante, nebeneinander stehende Teilbereiche (Text, Ton, Filmausschnitte usw.) untergliedert ist. Der Nutzer hat dabei die Möglichkeit, vom Bildschirm aus die kurzen streng strukturierten Inhaltsaspekte nach seinen Interessen auszuwählen und den Verknüpfungsmöglichkeiten „frei" zu folgen. Er interagiert mit der CD-ROM und erschafft sich dadurch seinen persönlichen inhaltlichen Zusammenhang und Lernweg.

Der Einsatz von CD-ROMs im Unterricht wird häufig dadurch erschwert, dass sehr spezielle Inhalte dargeboten werden, die obendrein viel Zeit bei der Erarbeitung erfordern. Als kommerzielle Erzeugnisse, die mit hohen Produktionskosten verbunden sind, haben sie in erster Linie einen allgemein an Geschichte interessierten Käufer im Auge und weniger die spezifischen Bedingungen schulischen Lernens. Sie enthalten häufig Unterhaltungselemente („Info- und Edutainment"*), die zwar eine zusätzliche Motivation darstellen, unter denen aber nicht selten die inhaltliche Qualität, der differenzierte, mehrperspektivische Zugriff, leidet. Der Nutzung muss daher

M 1 „Die PC-Lernbox"

eine genaue fachdidaktische Prüfung vorausgehen, nicht zuletzt, weil CD-ROMs z. B. manchmal über *historische Strategiespiele* lediglich eine oberflächliche geschichtliche Folie legen, aber keine ernst zu nehmenden Geschichtskenntnisse vermitteln (z. B. „Die Fugger", „Die Hanse", „Caesar II").

Jedoch gibt es auch positive Beispiele. Als gelungene Strategiespiele mit Einbeziehung *multimedialer historischer Quellen* können gelten: „Marilyn Monroe" (Ingolf Bannemann u.a., Bertelsmann, 1996, ein „Spiel", das geschichtliche Hintergründe und ungeklärte politische Verwicklungen beim rätselhaften Tod der amerikanischen Schauspielerin zum Gegenstand hat); oder „Berlin Connection" (Eku Wand, Screen Design 1998), das als ein „interaktiver Dokumentar-Thriller" u.a. die Geschichte Berlins von 1945 bis zum Mauerfall 1989 thematisiert.

M 2 CD-ROM „Gegen das Vergessen"

Als (geeignete) *historische multimediale Comics* – ebenfalls mit Geschichtsquellen verknüpft – können genannt werden: „Maus", über einen Überlebenden des Holocaust, nach dem gleichnamigen Buch von Art Spiegelman oder „Operation Teddybär", zur Geschichte der alliierten Invasion in der Normandie (beide bei Systema-Verlag, Navigo).

Historische Karten auf CD-ROM liegen für den schulischen Gebrauch vor, sind aber derzeit noch nicht befriedigend (das gilt oft auch für historische Karten im Internet).

Als beispielhafte *CD-ROMs mit speziellen historischen Themen*[2] sind zu nennen: „Die Stadt im Mittelalter, Alltagsleben hinter Turm und Mauern" (Freies Historiker Büro), „Gegen das Vergessen", eine Dokumentation zum Holocaust (Systema Verlag, Navigo; M 2) und „Mit anderen Augen" (Bundesministerium für Unterricht und Kultur, Wien), eine gelungene Darstellung des alten und neuen

M 3 CD-ROM „Historica"

Rassismus in Europa. Außerdem eignen sich als Lernmittel unter welthistorischen Gesichtspunkten die CD-ROM „Historica" (Cornelsen; M 3) und für das Altertum „Kulturen der Antike" (Microsoft). *Bestände historischer Museen* werden ebenfalls oft auf CD-ROM angeboten, unterscheiden sich aber sehr in ihrer Qualität.

Internet: Auch hier sind erste Lernprogramme zu finden, z. B. „Abiturführerschein Geschichte" . Dabei geht es um das Erlernen grundlegender Begriffe und Fakten; die – derzeit – 222 Fragen sind quizartig, die Antworten aber meist differenziert und problemorientiert. Eine mündliche Abiturprüfung ist damit aber nicht zu bewältigen.[3]

Mit dem PC Informationen beschaffen

Mit dem PC verfügen wir über ein einmaliges Werkzeug zur Informationsbeschaffung. Dazu gehören große *multimediale Lexika*, z. B. „Encarta" (Microsoft) oder „Bertelsmann Discovery " (Bertelsmann). Sie bieten mehr als herkömmliche Lexika (machen diese aber nicht überflüssig). Der historische Teil dieser CD-ROMs ist in aller Regel sehr fundiert. Mit ihnen kann man

---

2 Da es inzwischen eine für den Einzelnen kaum überschaubare Flut von CD-Roms gibt, können Rezensionen hilfreich sein, die vor allem von den Universitäten in das Internet gestellt werden. Z. B.: Freie Universität Berlin: http://userpage.fu-berlin.de/~history1/cdcoll.htm, Universität Düsseldorf: http://www.rz.uni-duesseldorf.de, Ludwig-Maximilians-Universität München: http://www.1rz-muenchen.de/~ng/gfn/. Rezensionen finden sich auch in PC-Fachzeitschriften, – sind allerdings unter historischen und schulpraktischen Gesichtspunkten nicht immer verlässlich.

3 Erreichbar über http://www.tornsdorf.de/

daher Wissenslücken schließen oder erste Informationen zur Vorbereitung auf den Unterricht suchen (und ausdrucken). Hinzu kommen *spezielle historische Nachschlagewerke*, die Ähnliches leisten. Das „Lexikon Geschichte" mit 10 000 Stichwörtern, Film- und Tonkumenten, Fotos usw. kann derzeit als beispielhaft gelten. Zu erwähnen sind außerdem z. B. „Chronik des 20. Jahrhunderts" oder „Chronik der Technik" (beide Bertelsmann), als Personenlexikon z. B. „Die Großen des 20. Jahrhunderts" (Koch Media).

Eine unerschöpfliche Quelle für historische Recherchen ist das *Internet*.[4] Aber Achtung: „Surfen" im Internet verursacht Kosten! Also: Vorab informieren, wie viel das System pro Minute kostet.

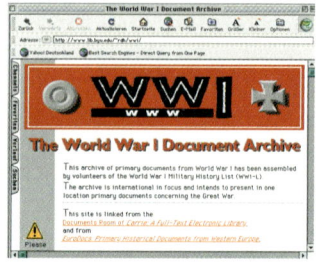

M 4 Internet-Seite „The World War I Document Archive" – Adresse: http://www.lib.byu.edu/~rdh/wwi/

Wichtige Adressen für den Geschichtsunterricht im Internet: Universitäten (M 6), Archive (M 4), Museen, historische Datenbanken, Gedenkstätten, virtuelle* Orte („Virtual Auschwitz: An Exploration of a Death Camp" oder das virtuelle römische Xanten; M 5), virtuelle Bibliotheken („Virtual Library"), virtuelle Museen („Antikensammlung", „industriekultur-museumvirtuell"; M 7), Bildungsserver („Deutscher Bildungsserver"[5]), Mailboxen, Diskussionsforen, Homepages* von Einzelpersonen usw. Mit anderen Worten: Per Mausklick ist im Internet eine unüberschaubare, aktuelle Datenmenge erreichbar.

M 5 Internet-Seite „Archäologischer Park in Xanten" – Adresse: http://www.bauwesen.uni-dortmund.de/forschung/xanten/german/xanten_stadtplan.html

Die Fülle ist zugleich ein Problem. Das Auffinden von Materialien ist am Anfang oftmals zufällig, manche Informationen können auch mehrfach vorhanden sein, anderes wird übersehen. Das Wichtige steht oft unbewertet neben dem Unwichtigen. Da prinzipiell jeder im Internet publizieren kann und Qualitätskontrollen kaum vorhanden sind, findet man neben seriösen Quellen und Darstellungen auch Unseriöses. Aber wer gelernt hat, mit kritischer Systematik historische Quellen und Sekundärliteratur zu interpretieren, dem bietet das Internet ein großes, aktuelles Betätigungsfeld.

Wer Informationen aus dem Internet zitiert, ist – wie beim Zitieren aus Büchern – verpflichtet, seine Informationsquelle zu nennen und muss die entsprechende „Web"-Seite mit vollständiger Adresse angeben.

Wer mit dem Internet arbeiten will, muss sich in den Suchmöglichkeiten auskennen. Hinzuweisen ist zum einen auf die Suchmaschinen (z. B. „Lycos"), die in Datenbanken eine Suche nach definierten Begriffen auf „Web"-Seiten durchführen. Des Weiteren kann man in Schlagwortkatalogen (z. B. beim „Deutschen Bildungsserver"[5]) recherchieren, die sich immer stärker verzweigen. Ferner kann man nach „Newsgruppen" suchen. Dabei handelt es sich um Diskussionsforen zu bestimmten Themen. Man erreicht sie über den eigenen Online-Dienst oder Browser*, den man als Internet-Zugang nutzt. Schließlich sei noch darauf hingewiesen, dass bekannte Internet-Adressen auch direkt in den Browser eingegeben werden können.

Ein Überblick über „die wichtigsten" Internet-Adressen des Faches Geschichte kann wegen der Fülle der Angebote an dieser Stelle nicht gegeben werden. Es wird empfohlen, durch Stich-

---

4 Es wird verwiesen auf die zahlreichen PC- und Online-Fachzeitschriften. Zwei Bücher sind besonders geeignet: Jens Hildebrand, internet: ratgeber für lehrer, 3. Aufl., Köln 1997; Christian von Ditfurth, Internet für Historiker, 2. Aufl., Frankfurt/M. u. a. 1998. Diese Werke geben Hinweise zu der benötigten Hard- und Software, zu ihrer Konfiguration, zum Internet selbst, zu Zugangs- und Recherchemöglichkeiten, zu nützlichen Adressen.

5 Adresse: http://dbs.schule.de/

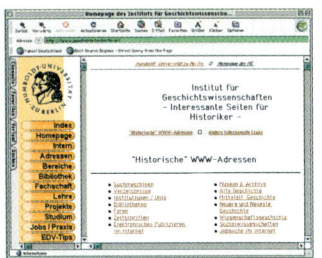

M 6 Internet-Seite der HU-Berlin – Adresse: http://www.geschichte.hu-berlin.de/

M 7 Internet-Seite „Industriekultur – museum virtuell" – Adresse: http://www.industriekultur.de/

wortsuche in den Suchmaschinen „Lycos" oder „Yahoo Deutschland" zu beginnen. Andere Möglichkeiten bieten sich, wenn man z. B. über den „Deutschen Bildungsserver"[5], über das „Schulweb", über die „Zentrale für Unterrichtsmedien"[6] oder die Lehrstühle für Geschichte deutscher Universitäten geht (z. B. Humboldt-Universität Berlin, Universität Erlangen u.a.); unter den Uni-Adressen finden sich immer „Links"* für das Fach Geschichte.

Informationen verarbeiten – Kommunizieren – Planen

Mit Hilfe der Textverarbeitung ist es möglich, Informationen aus CD-ROMs, aus dem Internet oder anderen Programmen für den Geschichtsunterricht weiterzuverarbeiten. Es kann aber auch sehr sinnvoll sein, z. B. statistisches Zahlenmaterial (z. B. zur Bevölkerungsentwicklung, Steueraufkommen, industrielle Entwicklung usw.) mit einer *Tabellenkalkulation* oder *Datenbank* zu erfassen und durch Diagramme auszuwerten (Problem: z. B. die Wahl der richtigen grafischen Darstellung; siehe Kap. 11, S. 81). Es ist aber auch möglich, mit einer Datenbank Foto- oder Bildersammlungen zu historischen Ereignissen zu erfassen (Probleme: Entwicklung sinnvoller Erfassungskriterien, Erstellung von praktischen Dateimasken* und Definition sinnvoller Dateiabfragen zur Auswertung der Datensätze). Ein *Grafikprogramm* oder ein *Bildbearbeitungsprogramm* kann z. B. zur Verarbeitung grafischer Informationen genutzt werden, ein *Genealogieprogramm* zur Darstellung von Personenbeziehungen.

Wenn sich die Kommunikation via Internet in Zukunft ausweitet, wird der Geschichtsunterricht stärker als bisher die Grenzen des Klassenraumes oder der Schule überwinden. Schon heute tauschen Schüler/innen und Schulklassen national und weltweit E-mails untereinander aus. Sie beteiligen sich an digital verknüpften Geschichtsprojekten oder machen mit dem Mittel der „Homepage"* auf Unterrichtsvorhaben der eigenen Schule aufmerksam. Wer nach diesen Möglichkeiten sucht, wird unter anderem über den „Deutschen Bildungsserver"[5] und das zugehörige „Schulweb" viele interessante Anregungen finden.

Wenn Schülerinnen und Schüler aus dem Internet oder anderen digitalen Medien Unterrichtsmaterial beschaffen, nach Projekten Ausschau halten oder Kommunikationspartner suchen, können sie gemeinsam mit den Lehrern den *Unterricht vorplanen*. Sie können mit dem PC Lehr- und Lernmaterial für sich und ihre Mitschüler erstellen (z.B. Kreuzworträtsel, Lernkarteien, Lückentexte usw.), Textverarbeitung, Flow-Chart-Programme* oder ein Mindmapping-Programm* einsetzen und so den Unterrichtsverlaufs mitbestimmen. *Historische Exkursionen* und *Museumsbesuche* können ebenfalls „via" Internet vorbereitet werden.

Am Ende einer Unterrichtseinheit oder eines Projekts könnte die PC-gestützte *Sicherung und Präsentation der Unterrichtsergebnisse* stehen, z. B: Broschüre oder Geschichtszeitung; Zusammenfassung mehrerer Broschüren zu einem „elektronischen Buch"* mithilfe eines Autorensystems bzw. einer „einfachen" Multimedia-Anwendung auf der Festplatte oder einer selbst „gebrannten" CD-ROM; Überführung der Einzelergebnisse in die schuleigene Homepage* mit einem entsprechenden Programm (Netscape Composer, Microsoft Frontpage u.a.).

---

6 Adresse: http://www.zum.de/Schulframe.html

Weiterführende Arbeitsanregungen

1 🏃 Quellenarbeit mit einem Mindmapping-Programm*:
Benutzen Sie ein Mindmapping-Programm (siehe S. 102 f. mit Anm. 1) um John F. Kennedys Rede vom 26. Juni 1963 in Berlin unter quellenkritischen Gesichtspunkten zu analysieren (siehe zum Umgang mit schriftlichen Quellen auch Kap. 1, S. 33 ff.).

2 🏃 Eine historische Lernkartei entwickeln:
Entwickeln Sie zum Inhalt Ihrer Unterrichtseinheit eine Lernkartei mit wichtigen Fakten. Benutzen Sie dazu entweder die „PC-Lernbox", ein Autorensystem oder einen Tool* Ihres Internet-Browsers*:
a) Wenn Sie die Textverarbeitung wählen, erstellen Sie mit der Tabellenfunktion auf einer Seite immer acht Kärtchen, die etwas kleiner sind als eine Din-A-7-Karteikarte.
b) Schreiben Sie jeweils auf ein Kärtchen eine Frage und auf ein anderes die zugehörige Antwort.
c) Schneiden Sie diese aus, kleben Sie die Fragekarte auf die Vorder- und die Antwortkarte auf die Rückseite einer A-7-Karteikarte, sammeln sie diese und lernen Sie für sich oder in Partnerarbeit den Stoff.

Achtung:
„Surfen" im Internet kostet Geld.
Bitte vorab darüber informieren,
wie viel die Nutzung pro Minute kostet.

M 8 Internet-Seite „Deutscher Bildungsserver" –
Adresse: http://dbs.schule.de/

3 🏃 Der Erste Weltkrieg – eine Recherche im Internet:
Suchen Sie via Intenet in angeschlossenen Archiven Unterrichtsmaterial (Quellen, Fotos, Darstellungen usw.) zum Thema „Der Ausbruch des Ersten Weltkriegs und die Kriegsschuldfrage".

4 🏃 Historische CD-ROMs suchen und bewerten:
Suchen Sie mithilfe von Rezensionen, die im Internet zur Verfügung stehen, verschiedene CD-ROMs zum Thema „Holocaust" oder „Die Stadt im Mittelalter". Besorgen Sie sich eine der CD-ROMs und arbeiten Sie mit Ihr. Schreiben Sie selbst eine Rezension und vergleichen Sie Ihre Bewertung mit der Meinung der Rezensenten aus dem Internet (siehe auch S. 105 mit Anm. 2).

5 🏃 Geschichtsprojekt Antike: „Römer und Germanen"
Bereiten Sie ein Geschichtsprojekt über „Römer und Germanen" vor, das die Zeit von Augustus bis etwa 260 n. Chr. umfasst (endgültige Durchbrechung des Limes):
a) Suchen Sie via Internet geeignete Quellen zur römischen und germanischen Geschichte, recherchieren Sie antike römische Stätten in Deutschland; z. B. Köln, Regensburg, Xanten, Kalkriese (Ort der Varusschlacht) u.a.
c) Suchen Sie geeignete Museen heraus.
d) Suchen Sie, z. B. über das „Schulweb", nach geeigneten Unterrichtsprojekten an anderen Schulen.
e) Finden Sie geeignete CD-ROMs, z. B. über die FU Berlin.
f) Bereiten Sie eine Exkursion zu einem Ort mit römischen Ausgrabungen vor. Nutzen Sie für die Organisation von Unterkünften, historischen Führungen usw. die entsprechende Homepage* der Stadt/Gemeinde, für die Bahnverbindung evtl. die elektronische Fahrplanauskunft.

Literaturhinweise und Hilfsmittel für Referate und Projekte

Hilfen für die historische Projektarbeit
Geschichte – Erziehung – Politik, Heft 4/1998: „Historische Projektarbeit: Beispiele – Hinweise – Ratschläge"

Chronologische Überblickswerke
Der große Ploetz. Auszug aus der Geschichte von den Anfängen bis zur Gegenwart, 32. Aufl., Freiburg u. a. 1998.

dtv-Atlas zur Weltgeschichte, hg. von Werner Hilgemann/Hermann Kinder, Bd. 1: Von den Anfängen bis zur Französischen Revolution; Bd. 2: Von der Französischen Revolution bis zur Gegenwart, 31. Aufl., München 1997.

Historische Handbücher und Reihen
Der Neue Pauly. Enzyklopädie der Antike, hg. von Hubert Cancik/Helmuth Schneider, Stuttgart u. a. 1996ff.

Fischer Europäische Geschichte, zahlreiche Bände, Frankfurt/M.

Fischer Weltgeschichte, 36 Bände, Frankfurt/M. 1965ff.

Geschichte der Frauen, hg. von Georges Duby/ Michelle Perrot, dt. Übers., 5 Bände, Frankfurt/M. 1993–1995.

Geschichte des privaten Lebens, hg. von Philippe Ariès/Georges Duby, dt. Übers., 5 Bände, Frankfurt/M. 1989–1993.

Geschichtliche Grundbegriffe. Historisches Lexikon zur politisch-sozialen Sprache in Deutschland, hg. von Otto Brunner u. a., 7 Bände, Stuttgart 1972–1992

Handbuch der deutschen Geschichte, hg. von Herbert Grundmann, 22 Bände, München 1979ff.

Handbuch der deutschen Wirtschafts- und Sozialgeschichte, hg. von Hermann Aubin/Wolfgang Zorn, 2 Bände, Stuttgart 1971 und 1976.

Handbuch der europäischen Geschichte, hg. von Theodor Schieder, 7 Bände, Stuttgart 1968ff.

Handbuch der europäischen Wirtschafts- und Sozialgeschichte, hg. von Wolfram Fischer u. a., 6 Bände, Stuttgart 1987–1993.

Lexikon des Mittelalters, 9 Bände, München 1980ff.

Oldenbourg Grundriß der Geschichte, zahlreiche Bände, Stuttgart.

Propyläen Geschichte Europas, 6 Bände, Berlin 1982.

Propyläen Weltgeschichte, hg. von Golo Mann/ Alfred Heuß, 10 Bände, Berlin 1976.

Suhrkamp Neue Historische Bibliothek, zahlreiche Bände, Frankfurt/M.

Biografische Handbücher und Reihen
dtv-portrait, zahlreiche Biografien, München.

rororo – rowohlts bildmonografien, zahlreiche Biografien, Reinbek.

Kapitel 1: Was ist Geschichte?
Geschichte als Lebenswelt, in: Klaus Bergmann u. a. (Hg.), Handbuch der Geschichtsdidaktik, 3. erw. Aufl., Düsseldorf 1985, S. 1–66 (Kapitel I).

Geschichte lernen, Heft 49/1996: „Gedenktage".

Richard van Dülmen (Hg.), Fischer Lexikon Geschichte, Frankfurt/M. 1990.

Hans-Jürgen Pandel/Gerhard Schneider (Hg.), Handbuch Medien im Geschichtsunterricht, Schwalbach/Ts 1998.

Praxis Geschichte, Heft 6/1990: „Verordnete Geschichtsbilder".

Rolf Schörken, Begegnungen mit Geschichte. Vom außerwissenschaftlichen Umgang mit der Historie in Literatur und Medien, Stuttgart 1995.

Kapitel 2: Geschichtstheorie
Geschichte als Wissenschaft, in: Klaus Bergmann u. a. (Hg.), Handbuch der Geschichtsdidaktik, 5. überarb. Aufl., Seelze-Velber 1997, S. 97–242 (Kapitel II).

Karl-Georg Faber, Theorie der Geschichtswissenschaft, 5. erw. Aufl., München 1982.

Christian Meier/Jörn Rüsen (Hg.), Historische Methode, München 1988.

Winfried Schulze (Hg.), Sozialgeschichte, Alltagsgeschichte, Mikro-Historie. Eine Diskussion, Göttingen 1994.

Jürgen Kocka, Gesellschaftsgeschichte. Profil, Probleme und Perspektiven, in: Josef Ehmer (Hg.), Historische Familienforschung, Frankfurt/M. 1997, S. 57–68.

Kapitel 3: Schriftliche Quellen
Europäische Geschichte. Quellen und Materialien, hg. von Hagen Schulze/Ina Ulrike Paul, München 1994.

Geschichte in Quellen, hg. von Wolfgang Lautemann/Manfred Schlenke, 7 Bände, München 1978ff.

Geschichte lernen, Heft 46/1995: „Arbeit mit Textquellen".

Hans-Jürgen Pandel, Quellenarbeit, Quelleninterpretation, in: Klaus Bergmann u. a. (Hg.), Handbuch der Geschichtsdidaktik, 5. überarb. Aufl., Seelze-Velber 1997, S. 424–440.

Karl Pellens, Geschichtliche Quellen. Eine Einführung mit Arbeitsbeispielen. Stuttgart 1979.

Martin Zurwehme, Möglichkeiten und Grenzen der Bearbeitung von Quellen für den Geschichtsunterricht, in: Geschichte in Wissenschaft und Unterricht, Heft 3/1996, S. 189–197.

Kapitel 4: Malerei/Bildhauerei
Michael Banxandall, Ursachen der Bilder. Über das historische Erklären von Kunst, dt. Übers., Berlin 1990.
Hans Belting u. a. (Hg.), Kunstgeschichte. Eine Einführung, 5. überarb. Aufl., Berlin 1996.
Geschichte lernen, Heft 5/1988: „Bilder im Unterricht".
Gunter Kaufmann, Historische Denkmäler in Kiel – ein Beispiel für den Umgang mit Denkmälern als historische Quellen, in: Geschichte in Wissenschaft und Unterricht 42, 1991, S. 417–442 und 498–511.
Propyläen Kunst-Geschichte, hg. vom Propyläen Verlag, 12 Bände, Frankfurt/M. u. a. 1990.
Brigitte Tolkemitt/Rainer Wohlfeil (Hg.), Historische Bildkunde, Berlin 1991.
Rainer Wohlfeil, Das Bild als Geschichtsquelle, in: Historische Zeitschrift 243, 1986, S. 91–100.

Kapitel 5: Architektur
dtv-Atlas zur Baukunst, hg. von Werner Müller/Günther Vogel, 2 Bände, München 1974 und 1981.
Martin Warnke (Hg.), Politische Architektur in Europa vom Mittelalter bis heute. Repräsentation und Gemeinschaft, Köln 1984.

Kapitel 6: Literatur
Praxis Geschichte, Heft 1/1994: „Literatur als historische Quelle".
Walter Hinck (Hg.), Geschichtssdichtung, Göttingen 1979.
Rolf Schörken, Begegnungen mit Geschichte. Vom außerwissenschaftlichen Umgang mit der Historie in Literatur und Medien, Stuttgart 1995.
Hans Wagener (Hg.), Zeitkritische Romane des 20. Jahrhunderts, Stuttgart 1975.

Kapitel 7: Karikatur
Hans Dollinger, Lachen streng verboten! Die Geschichte der Deutschen im Spiedel der Karikatur, München 1972.
Geschichte lernen, Heft 18/1990: „Politische Karikaturen".
Herwig Guratsch (Hg.), Karikatur. Europäische Künstler der Gegenwart, Ausstellungskatalog des Wilhelm-Busch-Museums, Hannover 1992.
Gisold Lammel, Deutsche Karikaturen. Vom Mittelalter bis heute, Stuttgart u. a. 1995.
Wolfgang Marienfeld, Die Geschichte des Deutschlandproblems im Spiegel der politischen Karikatur, hg. von der Niedersächsischen Landeszentrale für politische Bildung, 2. erw. Aufl., Hannover 1991.
Michel Melot, Die Karikatur. Das Komische in der Kunst, Stuttgart 1975.

Kapitel 8: Karten
dtv-Atlas zur Weltgeschichte, hg. von Werner Hilgemann/Hermann Kinder, Bd. 1: Von den Anfängen bis zur Französischen Revolution, 31. Aufl., München 1997; Bd. 2: Von der Französischen Revolution bis zur Gegenwart, 31. Aufl., München 1997.
Geschichte lernen, Heft 59/1997: „Arbeit mit Geschichtskarten".
John Goss, Karten-Kunst. Die Geschichte der Kartografie, Braunschweig 1994.
Putzger Historischer Weltatlas, 102. Aufl., Berlin 1995.
Großer Historischer Weltatlas, hg. vom Bayerischen Schulbuchverlag, 4 Bände, München 1978–1995.

Kapitel 9: Plakat
Max Gallo, Geschichte der Plakate, Herrsching 1975.
Manfred Hagen, Werbung und Angriff. Politische Plakate im Wandel von hundert Jahren, in: Hans Bohrmann (Hg.), Politische Plakate, Dortmund 1984.

Kapitel 10: Statistik
Albin Atzeroth u. a., Quelle und Statistik im Kollegstufenunterricht, München 1980.
Sozialgeschichtliches Arbeitsbuch. Materialien zur Statistik [Deutschlands im 19. und 20. Jahrhundert], 4 Bände, München 1978ff.
Statistische Jahrbücher für die Bundesrepublik Deutschland.

Kapitel 11: Fotografie
Jürgen Hannig, Bilder, die Geschichte machen. in: Geschichte in Wissenschaft und Unterricht 40, 1989, S. 10–32.
Alain Jaubert, Fotos, die lügen: Politik mit gefälschten Bildern, Frankfurt/M. 1989.
Cornelia Julius, Fotos als Informationsquelle zur Geschichte der Alltagskultur, in: Praxis Geschichte 2/1997, S. 26–31.
Wolfgang Ruppert, Fotografien als sozialgeschichtliche Quellen, in: Geschichtsdidaktik 11, 1986, S. 62–76.

Kapitel 12: Historisches Interview
Dorothee Wierling, Oral history, in: Klaus Bergmann u. a. (Hg.), Handbuch der Geschichtsdidaktik, 5. überarb. Aufl., Seelze-Velber 1997, S. 436–440.